F. BASTIAT

PAR

Édouard BONDURAND.

« La liberté fera aux hommes une justice
que l'arbitraire ne saurait leur faire ».
LAMARTINE.

PARIS
LIBRAIRIE GUILLAUMIN & Cⁱᵉ
14 — RUE DE RICHELIEU — 14

1879

FRÉDÉRIC BASTIAT

Nimes.— Imprimerie CLAVEL-BALLIVET & C¹ᵉ, rue Pradier, 12.

F. BASTIAT

PAR

Édouard BONDURAND.

> « La liberté fera aux hommes une justice
> que l'arbitraire ne saurait leur faire ».
> LAMARTINE.

PARIS
LIBRAIRIE GUILLAUMIN & Cie
14 — RUE DE RICHELIEU — 14

1879

FRÉDÉRIC BASTIAT

AVANT-PROPOS.

Les œuvres de Bastiat ont été publiées en six volumes. Le premier renferme la partie la plus intéressante de sa correspondance, notamment ses lettres à son ami Félix Coudroy et à Richard Cobden. Dans cette partie intime et toute personnelle de ses écrits, revivent les luttes qu'il a soutenues contre les préjugés ou l'indifférence de ses contemporains. On y suit les progrès, l'action de plus en plus exclusive et envahissante de cette vocation qui maîtrisa et épuisa sa vie.

On consultera utilement, pour la vie privée de Bastiat, une notice que son disciple, M. de Fontenay, lui a consacrée en tête de ses œuvres.

Bastiat était un homme véritablement antique. Extrêmement simple de mœurs, comme la plupart de ceux qui vivent d'une idée et qui s'y vouent, son désintéressement et son admirable bon sens font songer à Franklin, sa bonhomie et sa finesse à La Fontaine. Sans être aussi distrait que le fabuliste, il l'était cependant assez pour pouvoir écrire à ses amis du *Journal des Economistes* : « Si j'ai eu quelquefois la prétention de faire de la bonne économie politique pour les autres, je dois au moins renoncer à faire de la bonne économie privée pour moi-même. Comment est-il arrivé que, voulant aller de Paris à Lyon, je me trouve dans un cabaret par delà les Vosges? Cela pourra vous surprendre, mais ne me surprend pas, moi qui ne vais jamais de la rue de Choiseul au Palais-Royal sans me tromper ».

Les premiers écrits de Bastiat (1830 à 1844) révèlent déjà son intelligence nette et originale. On y remarque un *Mémoire sur la répartition de l'impôt foncier dans les Landes* (1) qui est un modèle de statistique. Le volume dont nous nous occupons se termine par des *Mélanges* (1844 à 1849) où sont traitées diverses questions d'économie politique et d'impôt. Un opuscule de ce groupe, sur *l'influence des tarifs français et anglais*, parut en octobre 1844 dans le *Journal des Economistes*, et attira sur son auteur l'attention des hommes compétents. Cet article fut écrit à l'occasion de l'agitation pour la liberté des échanges, mouvement qui soulevait toute l'Angleterre, mettait le droit en face de la spoliation, et vis-à-vis duquel pourtant le public français était tenu dans une complète ignorance. Bastiat conçut alors la première idée de l'association qu'il fonda, en 1846, pour le libre-échange. Il voulut, en attendant, faire connaître la Ligue anglaise et les ligueurs à la France, et se mit en rapport avec Richard Cobden. Il traduisit les principaux discours de Cobden, Thompson, Fox, Gibson, Bright, etc., et en forma un livre qu'il fit précéder d'une belle introduction. C'est le troisième volume de ses œuvres. Il l'intitula *Cobden et la Ligue* (1845), et le publia à Paris (2).

(1) Bastiat, né à Bayonne, en 1801, habita longtemps Mugron et fut député des Landes à l'Assemblée constituante et à la Législative.

(2) « Lorsque Bastiat arriva à Paris, il se trouva naturellement en relation

Bastiat ne se faisait point d'illusion sur les difficultés qu'il avait à vaincre pour propager en France les vérités économiques, et cependant son ardeur comme son talent allaient puiser dans chaque obstacle une force nouvelle. Non content de placer sous les yeux de son pays l'exemple de l'Angleterre, il organisa, à Bordeaux et à Paris, une Association pour la liberté des échanges. On devine par quels miracles de zèle et de patience il parvint à son but, que, d'ailleurs, il ne se flattait d'avoir atteint qu'incomplétement. Pour qu'une association qui se propose la diffusion d'un principe ait tout son effet, il lui faut un journal. On créa donc *le Libre-Echange*. Bastiat y écrivit une soixantaine d'articles charmants qui, joints aux huit discours qu'il prononça à Bordeaux, à Paris, à Lyon et à Marseille, forment le second volume de ses œuvres.

En 1845, il fit encore paraître la première série de ses *Sophismes économiques*, à laquelle il donna pour épigraphe cette parole de Bentham : « En économie politique, il y a beaucoup à apprendre et peu à faire ». Ces pages ailées et spirituelles furent suivies plus tard d'une seconde série de *Sophismes* qui ne le cède en rien à la première, et qui forme, avec celle-ci et quelques pamphlets, le quatrième volume.

avec les personnes qui s'étaient occupées des mêmes études que lui. Je me souviens de l'impression qu'il produisit comme si c'était hier : impossible de voir un échantillon plus caractérisé de l'érudit de province : simplicité de manières, simplicité de costume ; mais, sous ce costume un peu dépaysé et sous ces airs de bonhomie, perçaient des éclairs d'intelligence et une véritable dignité de maintien. On devinait bien vite un cœur droit et une belle âme. L'œil surtout était animé d'une ardeur et d'un éclat singuliers ; les traits amaigris et le teint plombé trahissaient déjà les ravages de la maladie qui devait l'emporter, à quelques années de là ; la voix était sourde et formait un contraste avec la vivacité de la pensée et la pétulance du geste ». (L. Reybaud, *Economistes modernes*).

Que de grâce piquante et de bon sens dans les *Sophis-mes !* Traduits en quatre langues, ils ont fait le tour de l'Europe, et l'on ne sait quels sont les meilleurs.

Indiquons pourtant *Effort, Résultat,* où la théorie du *Sisyphisme* est si heureusement raillée ; *Balance du commerce,* où cette vieille et trop tenace doctrine est fort endommagée ; *Pétition des fabricants de chandelles ; Un chemin de fer négatif ; Il n'y a pas de principes absolus ; Le vol à la prime ; Le petit arsenal du libre-échangiste.* Dans la *Physiologie de la spoliation,* nous relevons cette pensée, ou plutôt cette vérité dont on n'est pas assez pénétré, et qui peut donner, par la vivacité de son expression, une idée de l'allure générale des *Sophismes :* « Quand la spoliation se passe d'individu à individu, elle se nomme *vol* et mène au bagne ; quand c'est de nation à nation, elle prend nom *conquête* et conduit à la gloire ».

Le cinquième volume est exclusivement composé de pamphlets. C'est là que se trouvent la célèbre polémique de Bastiat et de Proudhon sur la *Gratuité du crédit,* et ce chef-d'œuvre intitulé *Ce qu'on voit et ce qu'on ne voit pas.*

Le sixième et dernier volume contient les *Harmonies économiques,* essai de synthèse fondé sur l'idée de l'harmonie des lois naturelles qui président aux phénomènes sociaux. Comme inspiration et comme portée philosophique, c'est ce qu'il y a de plus saillant dans l'œuvre de Bastiat. Les *Harmonies* formeront la base de notre étude, et nous commencerons par en prendre une connaissance générale.

CHAPITRE Ier.

Les Harmonies économiques.

Il n'a été donné à aucun homme de faire la science et de la propager. Les forces humaines sont au-dessous de cette double tâche. Le penseur médite à loisir, observe les faits, en établit la liaison, fixe les principes et passe sa vie à perfectionner son ouvrage. Le soin de le répandre et d'en faire lever la semence, il le laissera au disciple, et celui-ci, absorbé par les nécessités de sa propagande et de sa mission, songera moins à la spéculation pure. Adam Smith a écrit ses *Recherches sur la richesse des nations;* Richard Cobden s'est voué au triomphe de l'idée de Smith, et il n'y a pas eu trop de ces deux hommes pour ces tâches différentes. Bastiat voulut être à la fois Cobden et Smith. Si puissante que fût son activité, si rares, si multiples que fussent ses dons, il devait être écrasé avant l'heure sous une telle entreprise. C'est l'exposition dogmatique de ses idées, ce sont les *Harmonies* qui ont le plus souffert de cette noble hardiesse.

Arraché par sa vocation et par les circonstances au paisible asile où il étudiait la science économique en compagnie de Félix Coudroy, Bastiat, une fois sur le champ de bataille, y montra de telles qualités de lutteur et y obtint des succès si vifs que, soit attrait secret, soit impossibilité de déserter le terrain au moment où il devenait indispensable, il resta dans la mêlée jusqu'à la fin (1).

De bonne heure il conçut le projet de sa grande synthèse, mais il ne put y mettre la main que lorsque son organisation, usée par la maladie et les fatigues de l'apostolat scientifique, l'eut contraint au repos; et à ce moment il était bien tard, la mort s'avançait à grands pas.

Bastiat écrivit en trois mois les dix premiers chapitres des *Harmonies économiques*. Ils parurent, en 1850, en un volume séparé. La seconde partie ne fut pas terminée (2).

Dans sa belle et touchante dédicace à la jeunesse française, Bastiat indique les principales thèses de ses *Harmonies*. Son but est de démontrer que tous les intérêts légitimes sont harmoniques, et que la solution du problème social n'est nulle part ailleurs que dans la *liberté*. C'est là l'idée mère du livre, la pierre fondamentale de toute la doctrine de Bastiat. « Si les intérêts étaient

(1) « Combien, écrivait-il dans ses *Sophismes*, je préférerais dire simplement comment les choses *sont*, sans m'occuper des mille aspects sous lesquels l'ignorance les *voit*!... Exposer les lois selon lesquelles les sociétés prospèrent et dépérissent, c'est ruiner *virtuellement* tous les sophismes à la fois ».

(2) Bastiat mourut le 24 décembre 1850, à Rome, où une maladie de poitrine lui avait fait chercher un ciel plus doux. « Un instant avant d'expirer, il fit approcher, comme pour leur dire quelque chose d'important, son cousin l'abbé de Monclar et M. Paillottet. « Son œil, dit ce dernier, brillait de cette expression particulière que j'avais souvent remarquée dans nos entretiens, et qui annonçait la solution d'un problème ». Il murmura à deux fois : *La vérité....* Mais le souffle lui manqua et il ne put achever d'expliquer sa pensée. Gœthe, en mourant, demandait *la pleine lumière*, Bastiat saluait *la vérité*. (Notice de M. de Fontenay.)

antagoniques, il faudrait demander la solution sociale à la *contrainte*. Mais les formes de la contrainte sont en nombre infini, tandis que la liberté n'en a qu'une. Etant données les divergences qui caractérisent les esprits, comment se mettrait-on d'accord sur une forme déterminée de la contrainte? En supposant, par impossible, cet accord obtenu, où placerait-on le principe d'action de la contrainte? Est-ce dans l'arbitraire des hommes? Mais ils ont, dans l'hypothèse, des intérêts individuels opposés à l'intérêt général. Est-ce en dehors de l'humanité? Mais qui est de force à capter l'assentiment universel, en se donnant pour l'instrument de la divinité ? »

Bastiat se sépare des économistes qui l'ont précédé sur deux points très-importants : la *valeur* et la *rente foncière*. Nous essaierons en temps et lieu d'apprécier sa théorie.

Contre l'harmonie des lois naturelles de l'organisation sociale, on objecte l'existence du *mal*. Bastiat répond que, pour n'être pas exclusif de l'harmonie générale, il suffit que le mal ait son explication et sa mission, qu'il se serve de limite à lui-même, qu'il se détruise par sa propre action, et que chaque douleur prévienne une douleur plus grande en réprimant sa propre cause. L'homme est *libre*, dit-il, partant il peut *choisir* et se *tromper*. Toute erreur engendre une souffrance. Quand la souffrance retombe sur celui qui s'est égaré, elle met en œuvre la responsabilité. Quand elle frappe des êtres innocents de la faute, elle fait vibrer le merveilleux appareil réactif de la solidarité. La responsabilité et la solidarité agissent comme correctifs, et leur tendance est de nous ramener dans la voie la meilleure.

Bastiat s'élève contre les institutions gouvernementales, quand elles contrarient le libre jeu de ces deux agents. Sous le philanthropique prétexte, dit-il, de développer entre les hommes une solidarité factice, on rend la responsabilité de plus en plus inerte et inefficace. S'adressant « aux socialistes, aux égalitaires, aux communistes, aux chrétiens, aux propriétaires, aux prolétaires, aux capitalistes et aux ouvriers », il leur enseigne que, par le seul effet des lois naturelles de la société, ils obtiennent les uns et les autres un maximum de réalisation de leurs vœux, que ne leur donnerait aucun système artificiel. Il parle ensuite des attributions de l'Etat, qui agit toujours par l'intermédiaire de la force, et il développe cette idée qu'il n'y a qu'une chose que les hommes aient le droit de s'imposer les uns aux autres par la force, c'est la *justice*.

Voilà les principes qui dominent le livre de Bastiat, voilà le dessin de sa synthèse économique. Il se rendait compte de la gravité de la tâche qu'il avait assumée : « Pour satisfaire, disait-il, à toutes les conditions de fond et de forme, il faudrait peser chaque mot et étudier la place qui lui convient ; c'est ainsi que le cristal s'élabore goutte à goutte dans le silence et l'obscurité. Silence, obscurité, temps, liberté d'esprit, tout me manque à la fois ».

Le premier chapitre des *Harmonies* est consacré à l'*Organisation naturelle*. Bastiat établit que la société est soumise à des lois générales qui agissent indépendamment des lois écrites, et dont celles-ci ne doivent que régulariser l'action. Le mécanisme social conduit à ce résultat, que chaque homme a plus de satisfactions en un jour qu'il n'en pourrait produire en plusieurs siècles. Ce chapitre est dirigé contre les systèmes des réformateurs socialistes et en démontre surabondamment l'inanité et le péril.

Le chapitre intitulé *Besoins, Efforts, Satisfactions,* offre une belle analyse de ces trois faits humains et de la relation qui les unit. L'objet perpétuel des recherches de l'homme est de substituer de *l'utilité gratuite* à de *l'utilité onéreuse.* Toutes les fois qu'il y parvient, il réalise un progrès. L'économie politique est définie : la *théorie de l'échange* et la *théorie de la valeur.*

Le chapitre des *Besoins de l'homme* présente nos besoins comme progressifs par nature. L'âme humaine est une source intarissable de désirs. Il faut donc, sous peine de discordance dans les lois économiques de la société, que la nature ait placé dans l'homme et autour de lui des moyens indéfinis et progressifs de satisfaction. Ces moyens sont les forces naturelles et le travail, ou bien l'application de nos facultés aux choses que la nature a mises à notre service.

Dans le quatrième chapitre, Bastiat considère l'*Echange* comme la Société même : il est impossible de concevoir la société sans échange, ni l'échange sans la société.

Bastiat donne la démonstration de cette loi :

Dans l'isolement, nos besoins surpassent nos facultés, et dans l'état social, nos facultés surpassent nos besoins.

Il étudie l'échange dans sa nature, dans ses progrès, dans ses conditions les plus diverses. Il définit le troc et le décompose en ses deux facteurs, la vente et l'achat. Il insiste sur la force morale, sur la mission bienfaisante et civilisatrice de l'échange, et formule cette maxime : *Le profit de l'un est le profit de l'autre*. Nulle part les qualités qui distinguent les *Harmonies*, c'est-à-dire la clarté, la précision, l'enchaînement des faits et des idées, et aussi l'élévation philosophique, ne se rencontrent plus éminentes.

Avec le cinquième chapitre, nous abordons cette théorie de la *valeur* qui est toute personnelle à Bastiat, et qui lui a servi de point de départ dans l'étude de la *Rente foncière*. Pour lui, la théorie de la valeur est une déduction du principe d'harmonie ; mais cette déduction servira à son tour à prouver le principe.

En effet, il subordonne la démonstration de l'harmonie sociale ou de *l'égalisation dans l'amélioration* à la démonstration des deux points suivants :

1o *L'utilité* tend à devenir de plus en plus *gratuite, commune*, en sortant progressivement du domaine de *l'appropriation* individuelle ;

2o La *valeur*, au contraire, seule appropriable, seule constituant la propriété de droit et de fait, tend à diminuer de plus en plus, relativement à l'utilité à laquelle elle est attachée.

Bastiat fonde la notion de valeur sur les manifestations de notre *activité*, sur les efforts, sur les services réciproques qui s'échangent, parce qu'ils sont susceptibles d'être comparés, appréciés, *évalués*.

Il ne la fonde ni sur les phénomènes extrêmes de notre sensibilité : besoins et satisfactions, parce que ces phénomènes sont incommensurables d'un individu à l'autre, ni sur les dons ou la coopération de la nature, parce que ces dons sont gratuits. Il la restreint, de plus, aux efforts échangés ou échangeables, parce que l'échange, non-seulement mesure les valeurs, mais encore leur donne l'existence.

Quand deux hommes se cèdent mutuellement leur effort actuel ou les résultats de leurs efforts antérieurs, ils se *servent* l'un l'autre, ils se rendent réciproquement service.

La valeur est donc, pour Bastiat, *le rapport de deux services échangés*. Il fait remarquer qu'une foule de circonstances peuvent augmenter l'importance relative d'un service. Nous le trouvons plus ou moins grand, dit-il, selon qu'il nous est plus ou moins utile, que plus ou moins de personnes sont disposées à nous le rendre, qu'il exige d'elles plus ou moins de travail, de peines, d'habileté, de temps, d'études préalables ; qu'il nous en épargne plus ou moins à nous-mêmes. La valeur dépend encore du jugement que nous en portons, car il arrive souvent que nous estimons très-haut ce qui, en réalité, nous est nuisible.

Bastiat rejette les définitions qui en placent exclusivement le principe dans une des circonstances qui la font varier : matérialité, durée, utilité, rareté, travail, jugement, etc., et il se sépare des économistes qui ont donné ces définitions : Adam Smith, J.-B. Say, Storch, Senior, etc.

Examinant le rôle que joue le diamant dans les

ouvrages des économistes pour l'élucidation du principe de la valeur, il signale les contradictions où conduisent les définitions incomplètes. «L'école anglaise dit-elle : La valeur est dans le travail l'école française lui montre un diamant : Voilà, répond-t-elle, un produit qui n'exige aucun travail et renferme une valeur immense. L'école française affirme-t-elle que la valeur est dans l'utilité, aussitôt l'école anglaise met le diamant en opposition avec l'air, la lumière et l'eau. L'air est fort utile, réplique-t-elle, et n'a pas de valeur; le diamant n'a qu'une utilité fort contestable, et vaut plus que toute l'atmosphère. Et le lecteur de dire, comme Henri IV : « Ils ont, ma foi, tous deux raison ». Enfin, on finit par s'accorder dans cette erreur qui surpasse les deux autres : Il faut avouer que Dieu met de la *valeur* dans ses œuvres et qu'elle est matérielle ».

« Ces anomalies, poursuit Bastiat, s'évanouissent, ce me semble, devant ma simple définition, qui est confirmée plutôt qu'infirmée par l'exemple en question :

» Je me promène sur le bord de la mer : un heureux hasard me fait mettre la main sur un superbe diamant. Me voilà en possession d'une grande *valeur*. Pourquoi ? Est-ce que je vais répandre un grand bien dans l'humanité ? Serait-ce que je me sois livré à un long et rude travail ? Ni l'un ni l'autre. Pourquoi donc ce diamant a-t-il tant de valeur ? C'est sans doute que celui à qui je le cède estime que je lui rends un grand *service*, d'autant plus grand que beaucoup de gens riches le recherchent et que moi seul puis le rendre. Les motifs

de son jugement sont controversables, soit. Ils
naissent de la vanité, de l'orgueil, soit encore.
Mais ce jugement existe dans la tête d'un homme
disposé à agir en conséquence, et cela suffit.

« Bien loin que la valeur ait ici une proportion
nécessaire avec le travail *accompli* par celui qui
rend le service, on peut dire qu'elle est plutôt proportionnelle au travail épargné à celui qui le
reçoit ; c'est, du reste, la loi des valeurs, loi générale et qui n'a pas été, que je sache, observée par
les théoriciens, quoiqu'elle gouverne la pratique
universelle ».

On ne peut nier ce qu'il y a d'ingénieux dans
cette tentative pour embrasser tous les faits par
une règle unique. Cependant nous ne sommes pas
entièrement satisfait par la théorie de Bastiat sur
la valeur. Elle nous paraît manquer d'homogénéité. Il semble qu'elle contienne deux doctrines
différentes, à la faveur de l'élasticité du mot *service*. La première fonde la notion de valeur sur
l'*effort* ; la seconde reconnaît que la valeur
peut exister sans l'effort. Il y a là, non une
contradiction réelle, car les deux théories sont
vraies pour des cas divers, mais la preuve que la
valeur est un phénomène complexe, et qu'on ne
peut en exprimer la raison dans une formule unique et simple. L'exemple du diamant, écueil des
écoles française et anglaise, ne laisse pas d'être
embarrassant pour la conception primitive de Bastiat, celle des *efforts échangés*. Aussi, dans sa définition dernière, introduit-il le mot *service*, qui est
susceptible d'une signification plus étendue, mais
qui ne se plie à toutes les circonstances qu'à l'aide

d'un double sens et d'un peu de subtilité. La théorie de la valeur, en tant que déduction et preuve du principe d'harmonie de Bastiat, ne peut rigoureusement s'entendre que de l'échange des efforts. Elle se rapproche alors de la théorie de Smith, qui place la valeur dans le travail, et son caractère harmonique lui vient de l'équivalence, de l'équité des rémunérations et d'une conformité absolue avec l'idée de justice.

La théorie qui place la valeur dans la rareté ou dans le travail épargné ne saurait présenter un caractère d'harmonie aussi immédiat, parce que la rémunération du hasard ou d'un travail négatif et l'idée de justice ne sont pas adéquates. La marche de la valeur, néanmoins, est toujours dominée par une harmonie supérieure, en ce sens que la valeur tend à se proportionner au travail quand il est libre. C'est une des plus belles lois qu'ait démontrées Bastiat.

Nous sommes donc fondé à faire à la théorie de Bastiat une critique, qui porte principalement sur une question d'ordre et de méthode.

Il présente d'abord le fondement de la valeur comme un rapport très-simple. C'est là une espérance que ne tardent pas à dissiper des considérations imposées par l'évidence, véritables exceptions à sa règle harmonique, et qui, par leur importance, prennent les proportions d'une théorie nouvelle. Il eût été plus scientifique de ne pas dissimuler la complexité du problème et de chercher à le résoudre, sans désir préconçu d'obtenir une formule trop brève et partant trop étroite. Si Bastiat avait eu le loisir de revenir sur ses *Har-*

monies, nul doute que cet esprit si sincère n'eût traité avec plus de rigueur ce chapitre, où abondent d'ailleurs les observations vraies.

Dans le chapitre suivant, Bastiat montre, avec beaucoup de force et de justesse, le danger d'assimiler la *richesse* à la valeur, et surtout d'affirmer la proportionnalité de ces deux termes. Il n'y a de *valeur* que par *l'obstacle*, dit-il. Peut-on dire que les obstacles font la *richesse*, parce que sans eux les *valeurs* n'existeraient pas?

La théorie qui définit la richesse par la valeur n'est, en définitive, que la glorification de l'obstacle.

Bastiat n'a pas de peine à réfuter Proudhon sur ce sujet. L'auteur des *Contradictions économiques*, se fondant sur l'erreur de Sismondi et de Saint-Chamans, et sur la théorie exclusive de J.-B. Say lui-même, n'avait pas manqué de signaler à propos de la richesse une antinomie. Bastiat fait voir à l'intrépide disputeur qu'en posant mieux la question, toute contradiction disparaît. Il raille au passage « la grande découverte de M. Proudhon, à savoir que tout est à la fois vrai et faux, bon et mauvais, légitime et illégitime, qu'il n'y a aucun principe qui ne se contredise, et que la *contradiction* n'est pas seulement dans les fausses théories, mais dans l'essence même des choses et des phénomènes, en sorte qu'elle est inévitable et serait incurable rationnellement sans la *série*, et en pratique, sans la *Banque du peuple* ».

Pour Bastiat, si la richesse relative ne se révèle que par la *valeur*, la richesse effective ne se juge que par nos satisfactions.

Le chapitre du *Capital* est un des meilleurs

qu'ait écrits Bastiat. C'est un modèle de méthode, de style et de concision. En pleine possesion d'elle-même, sa pensée projette de vives clartés sur tous les aspects de cette vaste question.

« Le capital se compose des instruments de travail, des matériaux et des provisions sans lesquels, ni dans l'isolement, ni dans la société, l'homme ne peut rien entreprendre de longue haleine. Ceux qui se trouvent pourvus de ce capital ne l'ont que parce qu'ils l'ont créé par leurs efforts ou par leurs privations ; et ils n'ont fait ces efforts, ils ne se sont imposé ces privations qu'en vue d'avantages ultérieurs, en vue, par exemple, de faire concourir une plus grande proportion de forces naturelles. De leur part, céder ce capital, ce sera se priver de l'avantage cherché, ce sera céder cet avantage à d'autres, ce sera rendre *service* ».

D'où la légitimité de l'intérêt du capital.

Bastiat étudie à fond la nature et le mécanisme de l'intérêt. Il démontre que le progrès de l'humanité coïncide avec la rapide formation des capitaux, et il formule cette loi d'égalisation naturelle : *A mesure que les capitaux s'accroissent, la part absolue des capitalistes dans les produits totaux augmente et leur part relative diminue. Au contraire, les travailleurs voient augmenter leur part dans les deux sens.*

Le rôle moral et matériel du capital, la légitimité, l'utilité de l'intérêt et la solidarité du capitaliste et du travailleur sont mis en évidence.

Nous retrouverons les principes de Bastiat, quand nous aurons à exposer, dans cet ordre d'idées, sa lutte contre le socialisme, lutte condensée dans sa polémique avec Proudhon (1).

Dans le chapitre intitulé *Propriété, Communauté*, on trouve un assez grand nombre d'idées déjà présentées, et Bastiat n'y évite pas assez les répétitions, qui sont, du reste, un défaut de l'ouvrage. Il n'a pas eu le temps d'être court. On peut dire que la plupart de ses chapitres forment isolément un résumé de l'économie politique à l'occasion du phénomène étudié; de sorte que, quand

(1) Proudhon n'est pas le seul des réformateurs modernes que Bastiat ait combattu. Considérant, Pierre Leroux, Louis Blanc et bien d'autres ont été, directement ou indirectement, discutés par lui. A la doctrine de Louis Blanc, Bastiat opposa deux écrits : *Individualisme, Fraternité, Propriété et Loi,* où il censure les ateliers nationaux. Dans un but de réfutation générale, et sans avoir en vue un chef socialiste plutôt qu'un autre, il lança les pamphlets *Propriété et Spoliation,* où il défend la rente des terres ; *l'Etat,* qu'il définit : « la grande fiction à travers laquelle tout le monde s'efforce de vivre aux dépens de tout le monde» ; la *Loi,* que terminent ces propositions :

«Il n'est pas vrai que le Législateur ait sur nos personnes et nos propriétés une puissance absolue, puisqu'elles préexistent et que son œuvre est de les entourer de garanties.

» Il n'est pas vrai que la Loi ait pour mission de régir nos consciences, nos idées, nos volontés, notre instruction, nos sentiments, nos travaux, nos échanges, nos dons, nos jouissances.

» Sa mission est d'empêcher qu'en aucune de ces matières le droit de l'un n'usurpe le droit de l'autre.

» La Loi, parce qu'elle a pour sanction nécessaire la Force, ne peut avoir pour domaine légitime que le domaine de la force, à savoir : la justice ».

Bastiat écrivit encore le pamphlet *Baccalauréat et socialisme,* où il combat l'enseignement par l'Etat.

La brochure *Capital et Rente* fut sa première réponse à ceux qui voulaient abolir l'intérêt des capitaux.

Dans toute son œuvre, on trouve d'ailleurs de vigoureuses critiques du socialisme, qu'il n'a pas plus ménagé que le protectionnisme.

on les lit de suite, on éprouve une certaine fatigue à voir reparaître et discuter des points déjà acquis.

« Tout homme jouit gratuitement de toutes les utilités fournies ou élaborées par la nature, à la condition de prendre la peine de les recueillir ou de restituer un service équivalent à ceux qui prennent cette peine pour lui ».

Partant de cette loi, qui renferme les deux idées d'*onérosité* et de *gratuité*, d'où procèdent celles de *propriété* et de *communauté,* Bastiat démontre l'harmonie suivante :

« La valeur, qui est la propriété sociale, naît de l'effort et de l'obstacle ».

» A mesure que l'obstacle s'amoindrit, l'effort, la valeur ou le domaine de la propriété, s'amoindrissent avec lui.

» La *propriété* recule toujours, pour chaque satisfaction donnée, et la *communauté* avance sans cesse ».

Cet important chapitre est une justification de la propriété et du rôle qu'elle joue dans le progrès général.

Quoique la propriété recule sans cesse devant la communauté pour chaque effet déterminé, elle ne disparaîtra jamais d'une manière absolue, parce que les effets possibles ne seront jamais épuisés. « Les forces humaines, dit Bastiat, laissées disponibles par le progrès, s'attaqueront à d'autres obstacles, réalisant, à travail égal, des satisfactions jusque-là inconnues. La propriété est un pionnier qui accomplit son œuvre dans un cercle et passe dans un autre ».

La thèse du neuvième chapitre est la *Propriété*

foncière. Nous y reviendrons à l'occasion de la *Rente.*

Le dixième chapitre est consacré à la *Concurrence.* Pour Bastiat, elle n'est autre chose que l'absence d'une autorité arbitraire comme juge des échanges, et elle est indestructible.

« La concurrence, dit-il, est la loi démocratique par excellence. C'est elle qui fait successivement tomber dans le domaine commun la jouissance des biens que la nature ne semblait avoir accordés gratuitement qu'à certaines contrées. C'est elle qui fait encore tomber dans le domaine commun toutes les conquêtes dont le génie de chaque siècle accroît le trésor des générations, ne laissant ainsi en présence que des travaux complémentaires s'échangeant entre eux, sans réussir, comme ils le voudraient, à se faire rétribuer pour le concours des agents naturels; et si ces travaux, comme il arrive toujours à l'origine, ont une valeur qui ne soit pas proportionnelle à leur intensité, c'est encore la concurrence qui, par son action inaperçue mais incessante, ramène un équilibre sanctionné par la justice, et plus exact que celui que tenterait vainement d'établir la sagacité faillible d'une magistrature humaine.

« L'intérêt personnel est cette indomptable force individualiste qui nous fait chercher le progrès, qui nous le fait découvrir, qui nous y pousse l'aiguillon dans le flanc, mais qui nous porte aussi à le monopoliser.

» La concurrence est cette force humanitaire non moins indomptable qui arrache le progrès, à mesure qu'il se réalise, des mains de l'individualité, pour en faire l'héritage commun de la grande famille humaine. Ces deux forces que l'on peut critiquer, quand on les considère isolément, constituent dans leur ensemble, par le jeu de leurs combinaisons, l'harmonie sociale ».

Après avoir caractérisé la concurrence, Bastiat en explique le mécanisme avec la clarté et la philosophie qui distinguent le livre des *Harmonies*.

Les dix chapitres que nous venons d'analyser sommairement sont suivis de considérations générales, où Bastiat esquisse le dessin de sa seconde partie. Il vient d'étudier deux régions du monde économique : la collaboration naturelle et le travail humain, la communauté et la propriété. Il lui reste à exposer plusieurs théories importantes et à parler des *dissonances* sociales.

. « Nous avons vu, dit-il, toutes les harmonies sociales contenues en germes dans ces deux principes : *propriété, liberté*. Nous verrons que toutes les dissonances sociales ne sont que le développement de ces deux autres principes antagoniques aux premiers : *spoliation*, oppression ».

On peut juger maintenant de l'économie et de la portée du dernier ouvrage de Bastiat.

Beaucoup des chapitres qui étaient destinés à faire suite à la première partie des *Harmonies* manquent totalement. Les autres ne sont pour la plupart qu'à l'état de fragments.

Nous examinerons successivement les grandes théories de l'économie politique et la manière dont Bastiat les a traitées. Nous commencerons par la *rente foncière*, qui se rattache à la *propriété*.

L'étude des *Harmonies* se complétera ainsi par

degrés. Ce qui précède suffit pour qu'on ne se trouve pas en pays inconnu.

Nous exposerons, quand il y aura lieu, les divergences et les perfectionnements dont les principales thèses économiques ont été l'objet de la part des émules ou des successeurs de Bastiat. La place de Bastiat dans la phalange des économistes se marquera ainsi d'elle-même, par de simples rapprochements.

CHAPITRE II.

La Rente foncière.

La rente foncière est une conséquence de la propriété. Il n'est donc pas inopportun de dire quelques mots du principe de propriété lui-même.

« Que la propriété des biens-fonds et des richesses mobilières, dit Quesnay, soit assurée à ceux qui en sont les possesseurs légitimes ; car la sûreté de la propriété est le fondement essentiel de l'ordre économique de la société. C'est la sûreté de la possession permanente qui provoque le travail et l'emploi des richesses à l'amélioration et à la culture des terres et aux entreprises du commerce et de l'industrie » (*Maximes*, 4).

Pour Quesnay, la sûreté de la propriété est la condition de la sûreté de la personne, ou de la liberté. Il regarde, en outre, la loi de propriété comme une loi naturelle supérieure à toutes les lois positives, et que celles-ci doivent reconnaître et consacrer.

Cette doctrine a été appelée *physiocratie*, parce

qu'elle est celle du gouvernement des lois naturelles. A ce point de vue, Bastiat est un véritable physiocrate. Dans son pamphlet : *Propriété et Loi*, comme dans toute son œuvre, du reste, il enseigne que la propriété est antérieure et supérieure à la loi. « Ce n'est pas parce qu'il y a des lois qu'il y a des propriétés, mais parce qu'il y a des propriétés qu'il y a des lois ». Prenant le mot de propriété dans un sens général, Bastiat entend par là le droit qu'a le travailleur sur la valeur qu'il a créée par son travail. «Dans la force du mot, dit-il, l'homme naît *propriétaire*, parce qu'il naît avec des besoins dont la satisfaction est indispensable à la vie, avec des organes et des facultés dont l'exercice est indispensable à la satisfaction de ces besoins. Les facultés ne sont que le prolongement de la personne ; la propriété n'est que le prolongement des facultés. Séparer l'homme de ses facultés, c'est le faire mourir ; séparer l'homme du produit de ses facultés, c'est encore le faire mourir.

« Il y a des publicistes qui se préoccupent beaucoup de savoir comment Dieu aurait dû faire l'homme : pour nous, qui étudions l'homme tel que Dieu l'a fait, nous constatons qu'il ne peut vivre sans pourvoir à ses besoins; qu'il ne peut pourvoir à ses besoins sans travail, et qu'il ne peut travailler, s'il n'est pas *sûr* d'appliquer à ses besoins le fruit de son travail ».

Ce sont là de grandes et belles vérités. Nous pensons, toutefois, qu'en ce qui concerne au moins la propriété foncière, on ne saurait s'associer à cette conclusion de Bastiat : « La propriété est d'institution divine, et c'est sa sûreté ou sa sécurité qui est l'objet de la loi humaine. Ce n'est pas la propriété qui est conventionnelle, mais la loi ».

En effet, de grands esprits ont placé dans la loi le principe de propriété.

« Comme les hommes, dit Montesquieu, ont renoncé à leur indépendance naturelle pour vivre sous des lois politiques, ils ont renoncé à la communauté naturelle des biens pour vivre sous des lois civiles. Ces premières lois leur acquièrent la liberté, les secondes la *propriété* ». (*Esprit des lois*, xxvi, 15).

Rousseau, Bentham, Mirabeau, Pascal, la plupart des légistes anciens ou modernes considèrent toute propriété comme une conséquence de la loi.

Si nous consultons l'histoire, elle nous montre partout, aux premiers âges de l'humanité, la propriété collective. Nous voyons la propriété revêtir, dans le cours des siècles et dans les diverses régions du globe, une foule de formes différentes. De nos jours encore, elle est constituée en plusieurs pays sur d'autres bases qu'en France, et, en France, elle affecte plusieurs modes : forêts de l'Etat, biens des communes, des hôpitaux, des corporations, propriétés viagères, baux emphytéotiques, canaux, chemins de fer. Ces modes d'appropriation dérivent manifestement de la loi humaine et positive. Ce qui est vrai de ces diverses formes d'appropriation du sol l'est aussi de l'appropriation privée. En tant que forme de propriété, elle a sa source dans la loi, qui la protége, non pas parce qu'elle est de droit primordial, mais parce qu'elle favorise au plus haut point le progrès de la richesse générale.

Lors donc que l'on fonde la propriété foncière sur le droit du premier occupant ou du premier travailleur, on n'est pas toujours d'accord avec le développement historique des faits.

Ainsi, la propriété a été fondée séparément sur deux principes distincts : la justice et l'utilité. Bastiat, préoccupé de combattre le communisme, voulut mettre la propriété à l'abri de ses coups en la plaçant au-dessus de la loi et sous l'égide universellement respectée de la justice.

Etudions avec lui la production du blé, nous saisirons le détail de sa théorie.

« Antérieurement à l'industrie humaine, dit-il (*Harmonies*, ix), il y a une immense, une incommensurable industrie naturelle dont la science la plus avancée ignore ençore les secrets. Des gaz, des sels sont répandus dans le sol et dans l'atmosphère. L'électricité, l'affinité, le vent, la pluie, la lumière, la chaleur, la vie, sont successivement occupés, souvent à notre insu, à transporter, transformer, rapprocher, diviser, combiner ces éléments. Et cette industrie merveilleuse, dont l'activité et l'utilité échappent à notre appréciation et même à notre imagination, n'a cependant aucune valeur. Celle-ci apparaît avec la première intervention de l'homme qui a, dans cette affaire, un travail complémentaire à accomplir. Pour diriger ces forces naturelles, écarter les obstacles qui gênent leur action, l'homme s'empare d'un instrument qui est le sol, et il le fait sans nuire à personne, car cet instrument n'a pas de valeur. Ce n'est pas là matière à discussion, c'est un point de fait. Sur quelque point du globe que ce soit, montrez-moi une terre qui n'ait point subi l'influence directe ou indirecte de l'action humaine, et je vous montrerai une terre dépourvue de valeur ».

Cette proposition n'est pas contestable; mais la propriété ne s'en trouve pas pour cela plus solidement fondée sur le principe de justice. Une route passe au bord de mon champ, et celui-ci double de valeur. Cette plus-value a-t-elle quelque chose de commun avec l'idée de justice ? Elle est bien l'effet du travail hnmain, mais du travail des ouvriers de la route, qui n'en profitent pas. Pour moi, qui n'ai pas pris part à ce travail, j'en retire seul le bénéfice.

« Cependant, continue Bastiat, l'agriculteur, pour réaliser, concurremment avec la nature, la production du blé, exécute deux genres de travaux bien distincts. Les uns se rapportent directement à la récolte de l'année, ne se rapportent qu'à elle et doivent être payés par elle : tels sont les semailles, le sarclage, la moisson, le dépiquage. Les autres, comme les bâtisses, dessèchements, défrichements, clôtures, etc., concourent à une série indéterminée de récoltes successives : la charge doit s'en répartir sur une suite d'années, ce à quoi l'on parvient avec exactitude par les combinaisons admirables qu'on appelle lois de l'intérêt et de l'amortissement. Les récoltes forment la récompense de l'agriculteur, s'il les consomme lui-même. S'il les échange, c'est contre des services d'un autre ordre, et l'appréciation des services échangés constitue leur valeur.

» Maintenant, il est aisé de comprendre que toute cette catégorie de travaux permanents, exécutés par l'agriculteur sur le sol, est une *valeur* qui n'a pas encore reçu toute sa récompense, mais qui ne peut manquer de la recevoir. Il ne peut être tenu de déguerpir et de laisser une autre personne se substituer à son droit sans compensation. Sa valeur s'est incorporée, confondue dans le sol ; c'est pourquoi l'on pourra très-bien dire par métonymie : *le sol vaut.* — Il vaut, en effet, puisque nul ne peut plus l'acquérir sans donner en échange l'équivalent de ses travaux. Mais cette terre, à laquelle la puissance naturelle de produire n'avait vulgairement communiqué aucune valeur, n'en a pas davantage aujourd'hui à ce titre. Cette puissance naturelle, qui était gratuite, l'est encore et le sera toujours. On peut bien dire cette terre *vaut*, mais au fond, ce qui vaut, c'est le travail humain qui l'a améliorée, c'est le capital qui y a été répandu. Dès lors, il est rigoureusement vrai de dire que son propriétaire n'est en définitive propriétaire que d'une valeur par lui créée, de services par lui rendus ; et quelle propriété pourrait être plus légitime ? Celle-là n'est créée aux dépens de qui que ce soit ; elle n'intercepte ni ne taxe aucun don du ciel (1) ».

(1) Beaucoup d'auteurs, dit M. Wolkoff, au lieu d'étudier la nature et le jeu du phénomène de la rente foncière, ne sont occupés qu'à chercher à ce revenu quelque travail ou frais, qu'ils prétendent lu faire payer à toute force... Ils voient bien un bout de l'échelle des rentes foncières, celui où le revenu est fort au-dessous de ce que mériteraient les efforts et les sacrifices les plus récents et les plus judicieux du propriétaire. Mais ils ne veulent pas regarder en sens contraire et

Voilà le droit de propriété expliqué par le travail et la justice. L'hypothèse de Bastiat étant donnée, il est impossible d'en mieux faire apparaître les conséquences. Mais cette hypothèse répond-elle à tous les faits? Elle s'applique seulement au cas où la terre cultivable est en quantité indéfinie, comme en Amérique, dans le Far-West. Dans les circonstances européennes, où est apparu depuis des siècles un autre coefficient de la valeur, qui est la *Rareté*, elle ne saurait se justifier.

Signalons dès maintenant un inconvénient de la doctrine qui défend la propriété par le droit naturel. Elle a pour but de préserver les propriétaires actuels des attaques du socialisme, et elle les laisse à découvert.

En effet, admettons qu'il soit exact que la valeur du sol vienne toujours du travail de ses possesseurs. Mais le sol est depuis fort longtemps en France défriché et approprié. Comment arriver au propriétaire primitif, à celui qui a incorporé un commencement de valeur à la terre? Comment suivre la filiation infinie de ses descendants ou ayant-droit à travers les grandes alluvions des peuples migrateurs, l'esclavage, le colonat romain, le servage féodal, régimes qui ont interrompu le droit individuel théorique depuis le début des temps historiques jusqu'à la Révolution française; comment la suivre à tra-

---

voir, à l'autre bout de la même échelle, un revenu foncier qui n'est mérité par aucun sacrifice ou effort, non-seulement des propriétaires contemporains, mais même des générations précédentes les plus reculées. (*De la Rente des emplacements, dite Rente foncière. Journal des Economistes*, nov. 1870).

vers des époques où l'état civil n'existait point ou n'existait qu'incomplétement? Quel est le propriétaire actuel qui, établissant son droit sur le principe de justice, de travail et d'antériorité à la loi, ne se sentît, en présence de ces difficultés, absolument désarmé? Avec quel empressement, au bruit des menaces du socialisme, il descendra des sommets du droit naturel pour invoquer la loi positive, plus prosaïque, mais trop dédaignée!

L'hérédité, le plus naturel des principes qui se trouvent dans la loi, n'est pas elle-même universellement regardée comme de droit naturel.

«Vous tenez, dit Pascal, vos richesses de vos ancêtres; mais n'est-ce pas par mille hasards que vos ancêtres les ont acquises et vous les ont conservées?

» Vous imaginez-vous aussi que ce soit par quelque voie naturelle que ces biens ont passé de vos ancêtres à vous? Cela n'est pas véritable. Cet ordre n'est fondé que sur la seule volonté des législateurs, qui ont pu avoir de bonnes raisons pour l'établir, mais dont aucune certainement n'est prise d'un droit naturel que vous ayez sur les choses. S'il leur avait plu que ces biens, après avoir été possédés par les pères durant leur vie, retournassent à la république après leur mort, vous n'auriez aucun sujet de vous plaindre.

» Ainsi, tout le titre par lequel vous possédez votre bien n'est pas un titre fondé sur la nature, mais sur un établissement humain.

» Je ne veux pas dire que ces biens ne vous appartiennent pas légitimement et qu'il soit permis à un autre de vous les ravir. Car Dieu, qui en est le maître, a permis aux sociétés de faire des lois pour les partager ; et, quand ces lois sont une fois établies, il est injuste de les violer. (*Discours sur la condition des grands*) ».

Bastiat sentit d'ailleurs l'insuffisance du principe de justice comme base de la propriété, car il plaide pour elle, et avec raison, les circonstances d'utilité générale.

« Loin que le capital avancé, dit-il, et dont l'intérêt doit se distribuer sur les récoltes successives, en augmente le prix et constitue une charge pour les consommateurs, ceux-ci acquièrent les produits agricoles à des conditions toujours meilleures à mesure que le capital augmente, c'est-à-dire à mesure que la valeur du sol s'accroît. — Ce n'est pas assez dire que la valeur du sol n'est créée aux dépens de qui que ce soit ; ce n'est pas assez dire qu'elle ne nuit à personne ; il faut dire qu'elle profite à tout le monde. Elle n'est pas seulement légitime, elle est avantageuse, même aux prolétaires ».

Nous venons d'acquérir quelques notions générales sur la propriété. Nous pouvons aborder à présent la question de la rente foncière, qui est avec la première en étroite connexion, à ce point qu'étudier l'une c'est presque étudier l'autre.

Les économistes sont divisés aussi au sujet de la *Rente*. Nous essaierons de trouver le fil qui doit nous conduire dans ce labyrinthe.

La Rente foncière a été l'objet de définitions d'une exactitude inégale.

« Dès l'instant, dit Adam Smith (*Recherches sur*

la nature et les causes de la richesse des nations),
que le sol d'un pays est devenu propriété privée,
les propriétaires, comme tous les autres hommes,
aiment à recueillir où ils n'ont pas semé, et ils
demandent un fermage même pour le produit
naturel de la terre. Il s'établit un prix addition-
nel sur les bois des forêts, sur l'herbe des champs
et sur tous les fruits naturels de la terre, qui, lorsqu'elle était possédée en commun, ne coûtaient à
l'ouvrier que la peine de les cueillir, et lui coû-
tent maintenant davantage. Il faut qu'il paie
pour avoir la permission de les recueillir; il faut
qu'il cède au propriétaire du sol une portion de
ce qu'il recueille ou de ce qu'il produit par son
travail. Cette portion, ou, ce qui revient au
même, le prix de cette portion constitue le fermage (*rent of land*), et, dans le prix de la plupart des marchandises, elle forme une troisième
partie constituante ».

Nous voyons par là que Smith assimile la *rente*
à la totalité des revenus du domaine affermé. Il
confond ainsi sous ce nom le revenu propre du
fonds et les intérêts des capitaux employés sous
forme de bâtiments, de défrichements, d'améliorations, etc. Les économistes qui sont venus après
Smith ont fait disparaître cette confusion.

« La rente, dit Ricardo (*Principes de l'économie politique et de l'impôt)*, est cette portion du
produit de la terre que l'on paie au propriétaire
pour avoir le droit d'exploiter les facultés productives et impérissables du sol..... On confond souvent la rente avec l'intérêt et le profit du
capital..... Mais il est évident qu'une portion de

la rente représente l'intérêt du capital consacré à amender le terrain, à ériger les constructions nécessaires, etc. ; le reste est payé pour exploiter les propriétés naturelles et indestructibles du sol ».

La rente foncière est ainsi ramenée à ce qu'elle est réellement : une partie du fermage. De l'analyse si connue de Ricardo, il résulte que la terre donne une rente représentative de sa fécondité naturelle et indépendante du fermage destiné à rémunérer l'emploi des capitaux. De plus, cette rente *n'augmente pas le prix des denrées*. Cette loi, que Smith avait méconnue, est aujourd'hui hors de discussion.

Bastiat n'a laissé sur la rente qu'un chapitre composé de courts fragments et tout à fait incomplet. Pour étudier sa conception de la rente, nous devons donc nous reporter au chapitre de la *propriété foncière* et à celui de la *valeur*, qu'on n'a pas oublié.

« Lorsque la théorie, dit-il, scruta les fondements de la propriété, elle débuta par une confusion : elle prit l'utilité pour la valeur. Elle attribua une *valeur* propre, indépendante de tout service humain, soit aux matériaux, soit aux forces de la nature. A l'instant, la propriété fut aussi injustifiable qu'inintelligible ».

Nous ne croyons pas que les économistes sérieux aient jamais enseigné que la valeur était indépendante de toute action directe ou indirecte du travail humain. En tous cas, il est bien imprudent de déclarer, dans cette hypothèse, la propriété inintelligible, et de brûler ses vaisseaux en se cantonant dans le point de vue exclusif de la justice. Nous verrons que c'est faire le jeu du socialisme, qui prétend triompher au nom de la justice et de l'égalité. C'est se condamner en outre à des analyses incomplètes.

« Au nom du principe, continue Bastiat, que les agents naturels ont ou créent de la valeur, la propriété a subi des coups gradués.

» Les économistes ont dit : *La propriété du sol est un privilége ;* mais il est nécessaire, il faut le le maintenir.

» Les socialistes : *La propriété du sol est un privilége ;* mais il est nécessaire, il faut le maintenir — en lui demandant une compensation, le droit au travail.

» Les communistes et les égalitaires : *La propriété en général est un privilége,* il faut la détruire.

» Et moi, je crie à tue-tête : La propriété n'est pas un privilége. Votre commune prémisse est fausse ; donc vos trois conclusions, quoique diverses, sont fausses. La propriété n'est pas un privilége ; donc, il ne faut ni la tolérer par grâce, ni lui demander une compensation, ni la détruire. La propriété foncière ne fait pas payer ce qu'elle n'a pas le droit de faire payer. N'ai-je pas démontré qu'il n'y a qu'une chose qui se place entre le don de Dieu et la bouche affamée, c'est le service humain ?

» Economistes, vous dites : « La rente est ce qu'on paie au propriétaire pour l'usage des facultés productives et indestructibles du sol ». Je dis : Non. La rente, c'est ce qu'on paie au porteur

d'eau pour la peine qu'il s'est donnée de faire une
une brouette et des roues, et l'eau nous coûterait
davantage s'il la portait sur son dos. De même, le
blé, le lin, la laine, le bois, la viande, les fruits
nous coûteraient plus cher, si le propriétaire
n'eût pas perfectionné l'instrument qui les donne.

» Socialistes, vous dites : « Primitivement, les
masses jouissaient de leurs droits à la terre sous
la condition du travail; maintenant, elles sont
exclues et spoliées de leur patrimoine naturel ».
Je réponds : Non, elles ne sont pas exclues ni
spoliées; elles recueillent gratuitement l'utilité
élaborée par la terre, sous la condition du travail,
c'est-à-dire en restituant ce travail à ceux qui le
leur épargnent.

» Egalitaires, vous dites : « c'est en cela que consiste le monopole du propriétaire, que, n'ayant
pas fait l'instrument, il s'en fait payer le service».
Je réponds : Non. L'instrument-terre, en tant que
Dieu l'a fait, produit de *l'utilité*, et cette utilité
est gratuite; il n'est pas au pouvoir du propriétaire de se la faire payer. L'instrument-terre, en
tant que le propriétaire l'a préparé, travaillé,
clos, desséché, amendé, garni d'autres instruments nécessaires, produit de la *valeur*, laquelle
représente des *services* humains effectifs, et c'est
la seule chose dont le propriétaire se fasse
payer (1). Ou vous devez admettre la légitimité

(1) Prenant le contre-pied de la théorie de Ricardo sur la rente,
Carey (*Principes de la science sociale*) enseigne que partout la
culture commence par les sols les plus *faciles*, les terrains de montagnes ou peu encombrés de végétation, c'est-à-dire les sols légers,

de ce droit, ou vous devez rejeter votre propre principe : *la mutualité des services* ».

On voit en quels termes Bastiat pose et résout la question. Appliquant à la proprieté foncière sa théorie de la valeur, et frappé des observations de Carey sur la formation de la propriété aux Etats-Unis, il se met nettement en opposition avec toutes les écoles, enveloppant dans la même réfutation Smith, Buchanan, Ricardo, Mac Culloch, Scrope, Senior, Stuart Mill, Malthus, Estrada, J.-B. Say, Blanqui, Garnier, Considérant et Proudhon. Nous avons dit combien la verve et la

secs, sans profondeur, d'une fertilité très-médiocre et très-peu durable. « Qui donc irait, dit-il, pour débuter, se jeter au milieu des fondrières, des forêts et de la végétation luxuriante des terrains gras et humides des plaines ? L'air même y est mortel presque toujours, et malgré les moyens si puissants dont le colon dispose à notre époque, il s'éloigne de ces riches sols. Non-seulement on n'arrive que graduellement, très-tard, et au moyen d'une population dense et avancée, à tirer parti de ces sols profonds et riches ; mais partout où le progrès se ralentit, ces terrains, tout débarrassés qu'ils soient, sont les premiers que l'on est forcé d'abandonner.

» L'homme, pour l'instrument-terre, comme pour tous les instruments qu'il emploie, passe du plus faible au plus fort, du moins productif au plus productif. Donc, à mesure que la population et la civilisation s'accroissent, les subsistances s'obtiennent au moyen d'efforts moindres et baissent de valeur par rapport au travail. Donc, l'instrument ou capital des époques antérieures se déprécie par rapport à l'instrument ou capital des dernières. Et non-seulement la valeur actuelle des terres ne représente pas un excédant par rapport aux dépenses foncières que leur mise en œuvre a successivement exigées, mais cette valeur est de beaucoup au-dessous de la somme des capitaux qu'il a fallu dépenser pour les amener de leur état sauvage primitif à leurs dispositions actuelles.

» Si l'on évalue, ajoute Carey, la propriété foncière (terres, maisons, mines, routes particulières, etc.) d'un pays entier, l'Etat de New-

logique de Bastiat sont remarquables. Qu'on lise, si l'on en veut une preuve nouvelle, l'histoire de frère Jonathan, colonisant le Far-West. Là, il montre comment naît la propriété du sol en Amérique; il constate que la rente foncière n'y apparaît pas et ne peut pas y apparaître, et il attaque, avec son esprit habituel, l'impétueux Proudhon et le grave Ricardo.

La conclusion de ce qui arrive à Jonathan, conclusion très-scientifique, la voici :

« Aussi longtemps que, dans un pays, il y a abondance de terre à défricher, le propriétaire foncier, qu'il cultive, afferme ou vende, ne jouit d'aucun privilége, d'aucun monopole, d'aucun avantage exceptionnel, et, notamment, il ne pré-

York ou l'Angleterre, par exemple, le chiffre représente tant de millions de journées d'ouvriers. Avec ce nombre d'ouvriers, quelqu'un voudra-t-il essayer, en prenant l'Etat de New-York comme il était du temps d'Hendrick Hudson, ou le Royaume-Uni comme Jules César l'a vu, d'exécuter tous les travaux de défrichements, d'irrigations, de drainages, de bâtisses, de canaux, de ponts, de routes, etc. qui les ont amenés à ce qu'ils sont actuellement » ?

Ces considérations, en admettant même qu'elles ne soient pas trop générales, prouvent seulement que la valeur foncière, dans la très-grande majorité des cas, est subordonnée à l'action directe ou indirecte du travail humain. Si l'on était tenté d'en conclure à sa conformité avec le principe de justice, qu'on médite, outre ce que nous avons dit précédemment sur la plus-value d'un champ avoisiné par une route, cette considération, qu'à travers les siècles, ce ne sont pas les créateurs primitifs de la valeur foncière qui en subissent la dépréciation ou profitent de sa plus-value; mais qu'après une longue série de détenteurs intermédiaires, ce sont presque toujours des détenteurs étrangers aux premiers qui jouissent des résultats de l'effort initial de ceux-ci. Il est donc impossible de faire intervenir ici l'idée de mérite et de responsabilité personnels.

lève aucune aubaine sur les libéralités gratuites de la nature ».

Voilà qui est absolument exact. Mais est-ce répondre aux théoriciens de la propriété foncière européenne que de leur opposer la propriété américaine ? Les conditions ne sont-elles pas différentes dans les deux contrées ? En Europe, toutes les terres sont appropriées ; en Amérique, il en reste encore beaucoup de libres. Chez nous, la terre manque à la population ; aux Etats-Unis, la population manque à la terre. Compte-t-on pour rien cette différence capitale des conditions qui porte sur la *limitation* du nombre des terres ? La thèse de Bastiat, rigoureusement vraie dans l'hypothèse de l'abondance indéfinie des tèrres, cesse d'être applicable à la propriété foncière telle qu'elle est constituée sous nos yeux. Non-seulement elle n'en peut rendre compte, mais son auteur est conduit à mutiler la réalité et à nier en définitive l'existence de la rente. Bastiat confond la rente avec l'intérêt du capital, incorporé au sol, avec la rémunération due au travail dont la production agricole a été l'occasion. Cette confusion, après les analyses si précises de Ricardo et des économistes, ne peut s'expliquer que par les plus persévérantes illusions ou les exigences d'un système.

Bastiat se préoccupe cependant de l'objection tirée de la différence du prix des terres. Si l'on paie, en effet, en France, l'hectare de terre cultivé depuis 100 fr. jusqu'à 1.000 fr., il faut bien que la fertilité du sol soit pour quelque chose dans cet écart. L'acquéreur considère ce que la terre rapportera, et il sait qu'elle rapportera selon sa fécondité. « Cette fécondité a donc une valeur propre, intrinsèque, indépendante de tout travail humain ».

Pour la réponse à cette objection, il renvoie à sa théorie de la valeur, où il enseigne que la valeur n'implique pas essentiellement le travail, et ne lui est pas nécessairement proportionnelle (c'est sa deuxième théorie).

« J'ai montré, dit-il, que la valeur avait pour fondement, moins *la peine prise* par celui qui la cède que la *peine épargnée* à celui qui la reçoit, et c'est pour cela que je l'ai fait résider dans quelque chose qui embrasse ces deux éléments : *le service*. Vous m'offrez du blé, que m'importe le temps et la peine qu'il vous a coûtés ? Ce qui me préoccupe surtout, c'est le temps et la peine qu'il m'en coûterait pour m'en procurer ailleurs. La valeur du sol naît, flotte, se fixe comme celle de l'or, du fer, de l'eau, du conseil de l'avocat, de la consultation du médecin, du chant, de la danse ou du tableau de l'artiste, comme toutes les valeurs. Elle forme une propriété de même origine, de même nature, aussi légitime que toute autre propriété. Mais il ne s'ensuit nullement que, de deux travaux appliqués au sol, l'un ne puisse être beaucoup plus heureusement rémunéré que l'autre ».

Il y a tout un aveu dans ces lignes ; la rente foncière n'est plus niée, elle est implicitement reconnue.

Mais laissons Bastiat achever d'expliquer la plus-value du sol.

« Voici un champ. Il n'est pas d'année où l'on n'y jette quelque travail dont les effets sont d'une nature permanente, et, de ce chef, résulte un accroissement de valeur.

» En outre, les routes se rapprochent et se perfectionnent, la sécurité devient plus complète, les débouchés s'étendent, la population s'accroît en nombre et en richesse ; une nouvelle carrière s'ouvre à la variété des cultures, à l'intelligence, à l'habileté : et, de ce changement de milieu, de cette prospérité générale résulte, pour le travail actuel ou antérieur, un excédant de rémunération ; par contre-coup, pour le champ, un accroissement de valeur. Il n'y a là ni injustice ni exception en faveur de la propriété foncière. Il n'est aucun genre de travail, depuis la banque jusqu'à la main d'œuvre, qui ne présente le même phénomène ».

Le mécanisme de la plus-value est ici parfaitement décrit ; mais on conviendra qu'il ne réveille pas l'idée de justice. Dans cette explication, l'augmentation du revenu foncier, l'excédant de rémunération, qui n'est autre chose que la rente, est-il mérité par un sacrifice ou un effort ? Il n'est dû qu'au développement des besoins et de la richesse d'une population qui s'est accrue, développement auquel les bénéficiaires n'ont pas plus participé que ceux qui leur en paient les bénéfices. Si donc Bastiat a raison de dire qu'il n'y a pas d'injustice en faveur de la propriété foncière, il aurait dû ajouter qu'il n'y a pas de justice non plus, parce que cet ordre de faits n'a point de signification morale.

Les gains éventuels, les fluctuations de l'offre

et de la demande, les excédants de rémunération ne sont ni justes ni injustes. Ce sont des faits sociaux que la science étudie, et qui n'ont pas plus de moralité qu'un triangle en géométrie.

Il nous est difficile de ne pas constater, dans les *Harmonies* de Bastiat, deux théories de la rente foncière, comme nous en avons trouvé deux pour la valeur. La première nie la rente au nom de la justice, la seconde la reconnaît partout. Nous n'insisterons pas sur ce que présente de défectueux une synthèse conçue dans ces conditions. Nous préférons rendre hommage à la sagacité dont l'auteur a fait preuve dans l'étude de la propriété aux Etats-Unis. Là, nous l'avons dit, tant qu'il y a des terres libres, la rente foncière n'apparaît pas (1).

Cette absence de la rente est un fait économique des plus importants, et on nous permettra de nous y arrêter. Le tort de Bastiat a été de le généraliser malgré l'évidence, et d'ériger en loi actuelle pour l'Europe ce qui, tout au plus, a été loi dans les temps passés, et ce qui ne subsiste plus que dans le voisinage des espaces vierges.

Carey, à propos de la colonisation de l'Australie, a cité un exemple des mécomptes produits par l'espoir de la rente foncière, que Bastiat a reproduit.

---

(1) Il est sous-entendu que nous ne parlons que du Far-West et des régions limitrophes du désert ; car, autour de New-York et de tous les centres de population importants, la rente existe, variant suivant des degrés qui dépendent, comme en Europe, de la fertilité naturelle du champ, de sa distance au marché, etc.

« Plus de mille ouvriers, dit-il, furent dirigés, vers 1832, sur la rivière du Cygne ; mais l'extrême bas prix de la terre (1 sch. 6 d. l'acre ou moins de 2 fr.) et le taux extravagant de la main d'œuvre leur donna le désir et la facilité de devenir propriétaires. Les capitalistes ne trouvèrent plus personne pour travailler. Un capital de cinq millions y périt, et la colonie devint une scène de désolation. Les ouvriers ayant abandonné leurs patrons, pour obéir à l'illusoire satisfaction d'être propriétaires de terre, les instruments d'agriculture se rouillèrent, les semences moisirent, les troupeaux périrent faute de soins. Une famine affreuse put seule guérir les travailleurs de leur infatuation. Ils revinrent demander du travail aux capitalistes, mais il n'était plus temps ».

Un disciple de Bastiat, M. Dubost, qui avait accompagné en Algérie le comte Le Hon, président de l'enquête agricole, a fait connaître, à propos de la rente foncière en ce pays, des faits intéressants (*Journal des Economistes*, novembre 1868) dont nous reproduirons les principaux.

« Il résulte, dit M. Dubost, de plusieurs milliers de déclarations recueillies durant notre exploration de trois mois en Algérie, que la valeur du sol, dans le Tell, varie depuis 20 ou 30 fr. l'hectare jusqu'à 8 ou 10,000 fr. Quelques centaines d'hectares seulement dans le voisinage d'Alger (cultures maraîchères avec *norias*) atteignent ce dernier prix. Mais il n'y a presque pas de transition pour passer de ce chiffre si élevé aux chiffres tout à fait inférieurs. Si l'on fait abstraction des oasis du Sahara, dont le sol a presque toujours une grande valeur, je ne crois pas que, sur les 50 ou 60 millions d'hectares que nous possédons dans le nord de l'Afrique, il y en ait seulement 10,000 qui vaillent 1000 fr. l'hectare.

En territoire civil, c'est-à-dire dans le voisinage des centres européens de colonisation, à proximité des routes et des débouchés, les terrains irrigués valent de 200 à 500 fr. l'hectare, soit en moyenne 350 fr. environ; les terrains de culture non irrigués valent de 50 à 100 fr., soit une moyenne de 75 fr. l'hectare; et les friches de broussailles ou de palmiers nains valent de 30 à 50 fr., soit une moyenne de 40 fr.

En territoire militaire, où les routes sont moins nombreuses, où les débouchés sont plus éloignés, où les capitaux, privés ou publics, sont beaucoup moins abondants, la valeur du sol est approximitivement de 30 à 40 fr. l'hectare pour les terres en culture, et de 15 à 20 fr. l'hectare pour les terrains non défrichés.

Voilà pour la valeur vénale.

La valeur locative ou le revenu du capital foncier est plus difficile à préciser. Il n'y a presque pas de fermiers en Algérie. On en trouve à peine quelques-uns dans les environs des grands centres de population. Dans le reste du territoire il n'y a que des propriétaires exploitants ou des métayers, avec ou sans capital d'exploitation, qui prélèvent tantôt la moitié, tantôt le 1/5 seulement des produits en nature. Les terrains maraîchers d'*Hussein-Dey* et de *la Rassauta*, dans le voisinage d'Alger, s'afferment couramment de 800 à 1000 fr. l'hectare.

Le sol y rend donc au propriétaire non exploitant, c'est-à-dire au capitaliste foncier, 10 o/o de la valeur vénale.

En territoire civil :

Les terres irriguées s'afferment de 50 à 60 fr. l'hectare, soit 15 à 18 o/o de la valeur ; les terres non arrosées 20 à 25 fr. soit 25 o/o environ de la valeur vénale, et les terrains en friche, 12 à 15 fr., soit 30 o/o environ.

En territoire militaire, l'Etat seul afferme les terrains aux indigènes. Mais, ces fermages ayant un caractère gracieux, le prix en est généralement minime et représente à peine le 1/10 de la valeur du sol. Si les choses étaient abandonnées à leur cours naturel, si l'action de la concurrence pouvait se produire, il est extrêmement probable que le prix du fermage s'y élèverait à 35 ou 40 o/o de la valeur vénale du sol.

— «Deux lois, dit M. Dubost, se détachent avec vigueur des chiffres qui précèdent. La première est bien connue, et personne ne la conteste : c'est que la valeur du sol s'élève dans le voisinage des centres, des routes, dans les lieux où la population et les capitaux abondent ; elle s'abaisse régulièrement, à mesure que ces causes s'éloignent ou disparaissent.

La seconde, c'est que le taux de l'intérêt foncier, ou le rapport qui existe entre la valeur et le revenu, marche en sens inverse de la valeur. Si la valeur du sol est élevée, le taux de l'intérêt foncier est faible ; si la valeur du sol est faible, le taux de l'intérêt foncier est élevé.

— « . . . . . Il n'y a qu'un écart assez faible entre la valeur vénale du sol en culture et celle du sol non défriché, 35 à 40 fr. en territoire civil, 15 à 20 fr. en territoire militaire, voilà les nombres qui représentent cet écart. Or, de l'aveu de tous les colons européens, les frais de défrichement sont beaucoup au-dessus de ce chiffre et varient dans les limites de 150 à 500 fr. par hectare, soit une moyenne de 300 fr. Le colon qui défriche échange donc une valeur de 300 fr. contre une valeur de 35 à 40 fr. Il est vrai que cette valeur foncière de 40 fr. donne un intérêt élevé, 20 à 25 %. Mais il ne faut pas perdre de vue que ce fait a un correctif énergique dans la cherté de la valeur foncière, c'est-à-dire dans la masse des capitaux qu'il faut sacrifier pour créer cette valeur. Peut-être même serait-on fondé à dire que l'élévation du taux de l'intérêt foncier dans ce cas n'est, dans une certaine mesure, que la compensation nécessaire et harmonique du haut prix auquel s'obtient ou se crée la valeur du sol ».

— On le voit, les faits cités par M. Dubost confirment la première théorie de Bastiat.

Mais dans ses *Recherches sur la production agricole, la rente et la valeur du sol* (*Journal des Economistes*, juin 1870), écrites d'ailleurs avec talent et riches de faits bien observés, M. Dubost tombe dans la même erreur que Carey et Bastiat, en voulant trop généraliser. Pour lui, la rente foncière représente uniquement la part de la production qui échoit au propriétaire du sol, comme rémunération de son concours à l'œuvre agricole. Nous retrouvons ici cette confusion, qui est la négation même de la rente. M. Dubost, dans une analyse qui dénote de rares qualités d'esprit, expose comment est née la propriété foncière, comment elle a succédé à la jouissance en commun du sol, comment les populations nomades sont devenues sédentaires, comment enfin la terre a été affranchie de la communauté par le travail individuel. Nous souscrivons à bien des points de son étude, mais nous constatons que nulle part il ne rend compte de la véritable *rente*.

C'est dans les travaux de M. de Fontenay qu'on doit chercher le dernier mot des doctrines de Bastiat et toute l'extension dont elles sont susceptibles ; car l'éminent disciple montre des habitudes d'esprit peut-être plus philosophiques, et à certains égards plus indépendantes, que Bastiat. M. de Fontenay (*La question de la rente, Journal des Economistes*, mars 1860), après avoir considéré la rente comme un fait général, qui se manifeste non-seulement dans l'exploitation du sol, mais dans toutes les branches de la production, et qu'on peut constater aussi bien dans les salaires personnels que dans les profits industriels, ne pousse pas plus loin que Bastiat l'analyse scientifique de ce surcroît de rémunération, des causes qui en déterminent le taux et du degré de permanence du phénomène ; mais il essaie d'en justifier le principe d'une façon ingénieuse et originale.

« En ce qui concerne, dit-il, les deux éléments de la valeur d'un service ou d'un produit, il est difficile de discerner celui de ces deux éléments qui résulte du concours que la société tout entière apporte au producteur, par les moyens qu'elle met à sa disposition, par les besoins qu'elle développe autour de lui, par la puissance d'échange et de consommation qui est en elle et qu'elle accroît sans cesse.

» On ne peut pas dire : Telle part de la valeur revient à l'action du producteur, telle autre est attribuable à l'action du milieu. Quoi qu'il en soit, l'influence de cet élément social de la valeur est incontestable.

» Si, dans toute valeur ou rémunération, il y a la part d'un individu, et la part de tous appréciable ou inconnue, il n'y a pas de part pour la *nature*. C'est un principe d'ordre qui domine la science, car il tient à sa définition même. Dire que l'économie politique est une science de l'ordre moral, c'est dire en effet qu'elle n'a à étudier que *des rapports humains*, des utilités d'origine et de nature humaine. Toute espèce d'élément *naturaliste*, tout agent de l'ordre physique, en sont exclus, en vertu du principe souverain de l'homogénéité scientifique.

» Y a-t-il lieu de distinguer, dans les rémunérations personnelles, une part distincte, attribuable aux dons que la nature ou Dieu départit aux hommes, et que l'on appellerait la rente?

» Ces dons, ces qualités internes ou externes, naturelles ou acquises, ont toujours constitué, aux yeux de la philosophie comme de la morale, un ensemble un et indivisible, qui est *l'individu* (le mot même le dit). Or, si le sujet est un, si l'agent est simple, il est évident que le résultat de l'acte ne peut pas plus se scinder que sa responsabilité. Dans l'ordre économique, ce résultat, c'est la production qui, transformée par l'échange, devient la rémunération ou salaire — expression économique de la responsabilité. La rémunération est donc indivisible et une comme l'individu.

» L'opinion qui pose la nature et les forces extérieures en collaboration de l'humanité est moins choquante, au premier abord, que celle qui veut lui donner une action dans le for intérieur de l'homme et dans le principe même de son activité. Au fond pourtant, c'est toujours le même système, attentatoire au principe de la responsabilité, qu'il annule ou qu'il amoindrit ».

M. de Fontenay ne sait pas ce qu'on veut appeler les dons et les bienfaits de la nature : « Toute espèce de forces naturelles, dit-il, par cela seul qu'elle est étrangère à l'homme et indépendante de sa volonté, lui est naturellement et originairement hostile. La nature n'a jamais servi l'homme que réduite par lui en esclavage. Par un renversement singulier de l'ordre rationnel et de l'ordre des temps, on conclut de l'utilisation, une fois faite, à une *utilité* naturelle antérieure à l'usage même, de l'adaptation à une *aptitude* préexistante, de l'emploi particulier auquel l'homme a soumis certains agents inanimés à des *qualités* inhérentes à ces agents et qui les prédestinaient fatalement à cet emploi. Le monde ne présente pas autre chose à l'homme que des *forces*. Et l'homme n'a à en remercier ni la nature, ni la Providence; car partout où il y a quelque chose, il y a nécessairement des forces. Quant à la nature de ces forces, c'est un détail secondaire; quelles qu'elles soient, un être intelligent jeté au milieu d'elles saura toujours les transformer à son avantage. L'intelligence, voilà le seul don véritable que Dieu ait fait à l'homme, le seul dont il ait à le remercier.

» La production consiste partout dans une direction exclusive et forcée, donnée par l'homme à un agent naturel. Or, il est clair que, par le fait seul de cette direction unique et obligatoire, la spontanéité propre de la force est détruite, qu'elle n'est plus qu'un organe de la volonté de l'homme; que, de force *naturelle*, elle est devenue force *humaine*.

» Par suite de la continuelle révolte des forces naturelles contre ce que nous leur faisons exécuter, toutes nos productions se détruisent, et partout le travail de conservation équivaut à un travail de création nouvelle. Ce n'est donc pas assez de dire que la nature ne concourt en rien activement à l'œuvre de l'homme ; il faut ajouter hardiment qu'elle réagit habituellement en sens contraire comme force négative ».

Ces lignes rappellent les idées de Stuart Mill sur l'indifférence de la nature à l'égard de l'homme (*Essai sur la Nature*).

Non certes, la nature n'est pas rémunérée; et elle ne peut pas l'être.

Mais la question n'est pas là. Il s'agit de justifier la rente. Or, M. de Fontenay avoue qu'il est impossible de distinguer, dans la production, la part du milieu social et celle de l'individu. C'est avouer que l'idée de justice doit demeurer étrangère à la solution de tels problèmes.

La justice, en effet, est inséparable de l'idée bien définie de mérite et de responsabilité. Là où la rémunération flotte sans fixité, comblant de ses faveurs un heureux propriétaire d'emplacement ou délaissant celui qui s'est épuisé à réaliser des perfectionnements et des améliorations ; là où l'on est obligé d'introduire un facteur considérable et indéterminé, le concours de la société, il n'y a point de place pour la justice ni pour la justification. Des faits sociaux comme la propriété foncière ne sont ni justes ni injustes. Ils sont *nécessaires*, ils sont la condition du progrès de la civilisation ; mais ils n'ont point, quant à leur origine, de signification morale. La science doit les étudier, les décrire, en montrer les conséquences, en se gardant soigneusement de quitter le terrain expérimental. Elle ne peut qu'aller au-devant d'échecs certains, si elle espère vaincre les rêveurs par leurs propres armes. Le communisme continuera de vous dire brutalement que les hommes sont frères et égaux devant Dieu ; que chacun a droit à la terre qui est un don de Dieu ; qu'il n'y a pas de raison pour qu'un land-lord ait une portion de terre, une rente foncière, et qu'un charbonnier n'en ait pas ; et, au point de vue de la justice, vous serez toujours vaincus par ce raisonnement plus simple et plus net que les vôtres.

Craint-on que le principe de la propriété foncière ne s'effondre, du jour où il ne pourra plus s'appuyer sur la considération du juste ?

Mais qui ne voit qu'il est infiniment plus compromettant pour lui d'être battu dans les règles par les socialistes, qui ont la bouche pleine de mots sonores, et qui ne demandent pas mieux que d'attirer la science sur un terrain où elle perd pied? S'imagine-t-on d'ailleurs qu'un fait aussi indestructible que la propriété foncière dépend d'une discussion sur le juste et l'injuste? L'homme peut-il détruire ce qui l'enveloppe de toutes parts, ce qui est irrévocablement lié à son avenir? La société n'abandonnera pas la voie naturelle de son développement pour se conformer à un idéal de justice — et de misère — prôné par quelques utopistes.

Que les économistes se méfient de la métaphysique dans l'observation et le classement des faits naturels; et, s'ils ne peuvent écarter toujours la considération du juste et de l'injuste, parce que leur science envisage un des aspects de l'homme, l'aspect social, qu'ils n'oublient pas du moins que le socialisme en a rempli ses livres pour l'inextricable confusion des problèmes sociaux.

Nous ne laisserons pas la question de la Rente sans indiquer brièvement les principes qui sont aujourd'hui définitivement établis. La science a résolu un des problèmes les plus controversés de l'économie politique, et là où Bastiat cédait à des idées préconçues, elle a porté le grand jour et la certitude expérimentale.

Les auteurs qui ont concouru à asseoir la théorie de la Rente ne sont pas tous postérieurs à Bastiat. Il suffit de nommer Ricardo et de Thünen.

Les discussions soulevées par les écrits de Bastiat et de Carey, où la rente était niée, engagèrent l'Académie des sciences morales et politiques à instituer un concours dont le sujet consistait en ces deux questions principales : Pourquoi y a-t-il des terres qui donnent un revenu net ? Quelles sont les causes qui font varier le revenu net de ces terres ?

M. Boutron, agrégé de philosophie, fut le lauréat de ce concours et publia, en 1867, sa *Théorie de la Rente foncière*. Il démontra que la rente, loin d'être un fait spécial à la terre, comme Ricardo l'avait enseigné, n'est qu'un cas particulier d'un phénomène plus général, qu'il appelle le troisième élément de la valeur, et qu'il distingue ainsi des deux autres éléments, la rétribution du travail et celle du capital.

Cette idée de la généralité de la rente, nous l'avons vu énoncer par Bastiat, dans sa deuxième théorie. L'économiste allemand de Thünen, en 1826, le comte Arrivabene en 1853, M. de Fontenay en 1860, M. Courcelle-Seneuil en 1859, l'ont émise de leur côté ; mais il n'est pas indifférent de la voir confirmer par les recherches précises de M. Boutron.

« Rien de mieux justifié par l'ensemble des faits, dit M. Hippolyte Passy, le rapporteur du concours, que la conclusion de M. Boutron ; et cependant, si ce n'est la première fois qu'elle est énoncée, du moins c'est la première qu'elle est généralisée avec tant d'assurance et de décision. Jusqu'ici l'idée que la rente était un attribut particulier à la terre avait dominé les esprits ; l'auteur a eu le mérite de démontrer définitivement qu'elle apparaît dans les fruits que produisent tous les emplois de l'activité humaine, aussi bien dans ceux que laisse l'exercice des arts manufacturiers et des professions lettrées ou simplement manuelles, que dans ceux que fournit la terre ; et que, dans tous les cas, elle a pour source des dons que la nature ne répartit pas également, soit entre les personnes, soit entre les choses... L'auteur a réussi à mettre en pleine lumière une de ces vérités dont la puissance ne tarde pas à dégager les sciences d'embarras qui en retardaient la marche ».

Ainsi il est désormais acquis que la rente est un fait général ; et la perspicacité de Bastiat n'a pas été en défaut, quand sa deuxième théorie est venue rectifier sa première.

Est-ce à dire que les manifestations du phénomène de la rente soient les mêmes pour le sol que pour le talent ? Assurément non, et cela n'a pas besoin d'être démontré. C'est ce qui justifie, dans une certaine mesure, Ricardo d'avoir assigné à la rente un horizon restreint.

L'analyse de Ricardo est demeurée classique, et comme le fondement de toute étude scientifique de la rente du sol. Résumons-en le principe en quelques mots.

Les terres les plus fécondes sont utilisées les premières, et, à défaut des sols de premier choix, on met en culture des terrains dont la richesse naturelle est moindre (1).

____

(1) On a vu que Carey formule, relativement à l'ordre de la mise en culture des différentes parties du sol, une hypothèse contraire. Répétons que ce qui se produit en Amérique, dans un pays

Si l'on veut augmenter la production agricole, non par l'extension des cultures, mais en y appliquant plus de travail et de dépense, les récoltes n'augmenteront pas dans la proportion du capital engagé. Or, les derniers venus produisant plus chèrement, soit à cause de l'infériorité du sol, soit à cause d'une mise plus considérable de capitaux, soit encore à cause de l'éloignement du marché, et comme il n'y a jamais qu'un prix unique dans le même marché, les derniers venus sont obligés de vendre plus cher; et les anciens producteurs profitent de la plus-value, qui n'est autre chose que la *rente*.

Ce fait essentiel de la loi de la rente est ainsi formulé par M. Courcelle-Seneuil *(Traité d'économie politique)* : « Tant que l'offre d'un produit ne dépasse pas les besoins, le prix de cet article est réglé par la dépense du producteur qui travaille le plus chèrement ».

vierge, ne doit pas nécessairement se produire dans de vieux pays comme l'Angleterre ou la France, que visait Ricardo. Pendant que Carey voit le colon américain redouter les plaines et écrouter la croupe aride des montagnes, nous voyons en France, et particulièrement dans le Midi, la culture s'étendre des plaines, des grasses alluvions, aux collines et aux landes. Nous voyons le blé, l'olivier, la vigne remplacer à grands frais, sur les *garrigues* pelées, quelques pieds de buis ou de chêne-vert. Ce développement vérifie la théorie de Ricardo. Le fond des vallées est conquis chez nous depuis les temps historiques. Nous n'avons pas à nous occuper de ce que faisaient nos pères, les Celtes ou les Troglodytes, armés de simples haches de silex. Il est possible qu'ils aient suivi la marche indiquée par Carey. Mais ce serait pour nous de l'archéologie, si c'est encore de l'actualité pour l'Amérique. L'Europe est dans d'autres conditions, et à ces conditions ne répond que la loi de Ricardo.

M. Wolkoff, disciple de Thünen, qu'il a traduit et fait connaître en France, a achevé d'élucider la cause immédiate de la rente foncière *(De la rente des emplacements, dite rente foncière)* :

« Tant que toute la quantité du produit demandé, dit-il, quelle que soit l'extension de la demande, peut être produite et fournie au marché toujours aux mêmes frais, il n'y a aucune raison pour que la rente foncière surgisse. Si tous les produits d'un pays pouvaient se trouver dans ce cas d'uniformité des frais de production et de transport, il est clair que le prix du marché de tout produit ne ferait que couvrir les frais exigibles; qu'aucun propriétaire foncier ne recevrait, *comme tel,* de rente, et que les terres ne pourraient trouver de locataire ni avoir aucune valeur, quelque productives qu'elles pussent être et quelque élevés que fussent les bénéfices des producteurs ».

En dehors de l'inégalité de qualité et de situation des terres, la cause la plus générale de la rente du sol est dans la loi économique de *la diminution de l'utilité des capitaux successivement employés dans la production.* Ricardo la mentionne dans son analyse, et de Thünen *(Le salaire naturel)* la formule ainsi :

« Chaque nouveau capital placé dans une entreprise ou une industrie rapporte moins de rente que les capitaux qui y ont été placés auparavant ». Dans la première partie de son livre : *l'Etat isolé, par rapport à l'agriculture et à l'économie nationale,* il montre l'importance supérieure et la généralité de cette loi.

Les capitaux donnent donc d'autant moins de revenu qu'il y en a un plus grand nombre d'employés sur le même emplacement.

« Si cette loi n'existait pas, dit de Thünen, on pourrait augmenter indéfiniment la quantité du produit, aux mêmes frais et dans le même cercle de terrain occupé par la production, et il deviendrait inutile d'étendre l'exploitation à d'autres localités. Quelque grande que fût la demande, on pourrait toujours la satisfaire aux mêmes frais, tant de production que de transport, et conséquemment il n'y aurait pas de rente ».

Voilà par quelle voie sévère la science a imprimé à la théorie de la rente un caractère de rigueur et d'évidence.

On peut à présent se rendre compte de ce qui manque à la théorie de Bastiat sous ce rapport, et de ce qu'elle contient de trop au point de vue intuitif.

CHAPITRE III.

Le Capital et le Crédit.

Adam Smith donne le nom de *stock* à toute espèce d'approvisionnements, qu'ils soient destinés à la consommation ou à la production, et il réserve le mot de *capital* pour la partie du stock qui sert à la production. L'esprit de cette distinction est passé dans la science, et Bastiat s'y conforme, quand il dit, au chapitre VII de ses *Harmonies économiques :*

« Un capital est un produit comme un autre. Il n'emprunte ce nom qu'à sa destination ultérieure. Un sac de blé est un sac de blé, encore que, selon les points de vue, l'un le vende comme revenu et l'autre l'achète comme capital ».

Mieux que personne, et avec une science chaleureuse, Bastiat a montré le rôle prépondérant du capital dans les progrès humains, et les bienfaits sans mesure dont nous lui sommes redevables :

« Les capitaux, instruments de travail, ont pour destination de faire concourir les forces gratuites de la nature.

» De tous les éléments qui composent la valeur totale d'un produit quelconque, celui que nous devons payer le plus joyeusement, c'est cet élément même qu'on appelle intérêt des avances ou du capital.

» Et pourquoi ? Parce que cet élément ne nous fait payer *un* qu'en nous épargnant *deux*. Parce que, par sa présence même, il constate que des forces naturelles ont concouru au résultat final sans faire payer leur concours ; parce qu'il en résulte que la même utilité générale est mise à notre disposition, avec cette circonstance qu'une certaine proportion d'utilité gratuite a été substituée, heureusement pour nous, à de l'utilité onéreuse ; et, pour tout dire en un mot, parce que le produit a baissé de prix. Nous l'acquérons avec une moindre proportion de notre propre travail, et il arrive à la société tout entière ce qui arriverait à l'homme isolé qui aurait réalisé une ingénieuse invention.

» Il s'ensuit que le progrès de l'humanité coïncide avec la rapide formation des capitaux. L'intérêt dominant de tous les hommes est donc de favoriser la rapide formation du capital. Le capital s'accroît pour ainsi dire de lui-même, sous la triple influence de l'activité, de la frugalité et de la sécurité. Il travaille, depuis le commencement, à affranchir les hommes du joug de l'ignorance, du besoin et du despotisme. Effrayer le capital, c'est river une triple chaîne aux bras de l'humanité ».

Nous passons forcément sous silence les analyses sur lesquelles Bastiat s'appuie pour formuler ces vérités essentielles.

Préoccupé de ne laisser aucun sophisme sans réponse, il n'a pas manqué de relever cette vieille objection qui, de nos jours, devant les merveilleuses conquêtes de la science et de l'industrie, n'a plus autant de force qu'autrefois, mais qu'il importe de ruiner théoriquement, même après ses défaites dans la pratique :

Si la mission du capital, disait-on, est de faire exécuter par la nature ce qui s'exécutait par le travail humain, il doit nuire à la classe ouvrière ; car tout ce qui met des bras en disponibilité active la concurrence qu'ils se font entre eux.

Bastiat montre qu'en raisonnant ainsi, « on perd de vue ce grand fait :

» *Le capital, à mesure que son action s'étend, ne met en disponibilité une certaine quantité d'efforts humains qu'en mettant aussi en disponibilité une quantité de rémunération correspondante. Le travail n'est pas frappé d'inertie; remplacé dans une œuvre spéciale par l'énergie gratuite, par la chute* d'eau, le vent, la machine, le rail, il se prend à d'autres obstacles dans l'œuvre générale du progrès, avec d'autant plus d'infaillibilité que sa récompense est déjà toute préparée au sein de la communauté ». Il est, en effet, d'une évidence mathématique que le pouvoir de rémunération du milieu social ne saurait être diminué par la réduction des frais de production. Si tel manufacturier économise un franc sur sa fabrication, ce franc ira rémunérer d'autres services.

Pour faire connaître comment, dans la pensée de Bastiat, l'idée du capital se rattachait à sa conception de l'harmonie des lois du développement social, nous reproduirons les dernières lignes qu'il y consacre dans le Chapitre VII de ses *Harmonies économiques*. Elles sont comme le couronnement de tout ce qu'il a dit sur ce sujet.

« A quelque point de vue qu'on se place ; qu'on envisage le capital dans ses rapports avec nos besoins qu'il ennoblit, avec nos efforts qu'il soulage, avec nos satisfactions qu'il épure, avec la nature qu'il dompte, avec la moralité qu'il change en habitude, avec la sociabilité qu'il développe, avec l'égalité qu'il provoque, avec la liberté dont il vit, avec l'équité qu'il réalise par les procédés les plus ingénieux, partout, toujours, et à la condition qu'il se forme par les voies naturelles, nous reconnaîtrons en lui ce qui est le cachet de toutes les grandes lois providentielles : l'harmonie ».

Bastiat ne se contentait pas de l'exposition de la doctrine ; souvent il y mêlait des traits piquants à l'adresse de ses adversaires économiques. Ainsi, mal en prendra aux auteurs qui s'élèvent contre les innovations mécaniques, et en particulier à « ce bon monsieur de Saint-Chamans », comme l'appelle Bastiat. Saint-Chamans, protectionniste convaincu, ne reculait devant aucune conséquence de son principe. Cette intrépidité inspira à Bastiat une ou deux de ses plus vives boutades.

« S'il est opportun, écrit-il dans ses *Sophismes*, de protéger le *travail national* contre la concurrence du *travail étranger*, il ne l'est pas moins de protéger le *travail humain* contre la rivalité du *travail mécanique*.

» Aussi, quiconque adhère au régime protecteur, s'il a un peu de logique dans la cervelle, ne doit pas s'arrêter à prohiber les produits étrangers : il doit proscrire encore les produits de la navette et de la charrue.

» Et voilà pourquoi j'aime bien mieux la logique des hommes qui, déclamant contre l'*invasion* des marchandises exotiques, ont au moins le courage de déclamer aussi contre l'excès de production dû à la puissance inventive de l'esprit humain.

» D'après M. de Saint-Chamans, un des arguments les plus forts contre la liberté du commerce et le trop grand emploi des machines, c'est que beaucoup d'ouvriers sont privés d'ouvrage, ou par la concurrence étrangère qui fait tomber les manufactures, ou par les instruments qui prennent la place des hommes dans les ateliers.

» C'est vraiment un plaisir d'avoir affaire à des argumentateurs aussi braves, qui, même dans l'erreur, poussent un raisonnement jusqu'au bout. Je ne puis pas m'expliquer qu'un être pensant puisse goûter quelque repos en présence de ce dilemme :

» Ou les inventions de l'homme ne nuisent pas à ses travaux, comme les faits généraux l'attestent, puisqu'il y a plus des uns et des autres chez les Anglais et les Français que parmi les Hurons et les Chérokées; et, en ce cas, j'ai fait fausse route, quoique je ne sache ni où ni quand je me suis égaré. Je commettrais un crime de lèse-humanité, si j'introduisais mon erreur dans la législation de mon pays;

» Ou bien les découvertes de l'esprit limitent le travail des bras, comme les faits particuliers semblent l'indiquer, puisque je vois tous les jours une machine se substituer à vingt, à cent travailleurs; et alors je suis forcé de constater une flagrante, éternelle, incurable antithèse entre la puissance intellectuelle et la puissance physique de l'homme, entre son progrès et son bien-être, et je ne puis m'empêcher de dire que l'auteur de l'homme devait lui donner de la raison ou des bras, de la force morale ou de la force brutale, mais qu'il s'est joué de lui en lui conférant à la fois des facultés qui s'entre-détruisent.

» La difficulté est pressante. Or, savez-vous comment on en sort ? Par ce singulier apophthegme: *En économie politique, il n'y a pas de principes absolus.* Il n'y a pas de principes ! Mais c'est comme si vous disiez qu'il n'y a pas de faits; car les principes ne sont que des formules qui résument tout un ordre de faits ».

La route de Bastiat était encombrée de bien des

préjugés, et l'on voit comment il les battait en brèche.

Des représentants de la science économique eux-mêmes s'égaraient. La situation importante qu'ils occupaient dans le pays légal et dans les Chambres, comme grands manufacturiers ou grands agriculteurs, l'ardeur prodigieuse qu'ils mettaient à défendre, par tous les moyens, les monopoles et la routine, donnaient à leurs prétendues théories un poids dangereux. Il faut ajouter que la plupart des sophismes économiques d'alors étaient spécieux et séduisants pour tout le monde. Une vue toujours et sciemment incomplète des questions leur permettait de revêtir une simplicité trompeuse, à laquelle on se prenait d'autant plus volontiers qu'on croyait y avoir son intérêt particulier.

Il a fallu la main à la fois vigoureuse et légère de Bastiat pour ruiner dans l'opinion ces erreurs, sinon du temps même où il écrivait, au moins pour un avenir qui est devenu le présent.

Nous avons vu Bastiat enseigner que la prévoyance qui épargne et forme le capital est en conformité avec le bien général. Mais la prévoyance est une vertu un peu passive ; dans l'échelle des mérites, elle doit occuper un rang moins élevé que le travail. Aussi est-il réservé au travail une plus belle part qu'au capital. Celui qui verse actuellement la sueur de son front est plus libéralement récompensé que celui qui vit sur la sueur de ses pères. Et Bastiat le démontre par la loi d'égalisation naturelle, loi harmonique qu'il énonce ainsi :

« A mesure que les capitaux s'accroissent, la part absolue des capitalistes augmente et leur part relative diminue. Au contraire, les travailleurs voient augmenter leur part dans les deux sens ».

Il s'efforce de réagir contre le préjugé qui attribue au capital une sorte d'influence funeste sur le cœur de ceux qui le possèdent. L'égoïsme, la dureté, le machiavélisme, voilà ce dont on accuse les riches. Bastiat montre que, dans les sociétés où l'Etat est tout et se mêle de tout, le capital a beaucoup de peine à se former par les voies naturelles. On aspire surtout à le soutirer par la force et par la ruse à ceux qui l'ont créé. Là, on voit les hommes s'enrichir par la guerre, les fonctions publiques, le jeu, les fournitures, l'agiotage, les fraudes commerciales. Il n'est donc pas surprenant que, dans ces pays-là, il s'établisse une sorte d'association entre ces deux idées : *capital* et *égoïsme*. Mais lorsqu'on porte sa pensée sur la formation des capitaux par l'activité intelligente, la prévoyance et la frugalité, il est impossible de méconnaître qu'une vertu sociale et moralisante est attachée à leur acquisition.

Il existait contre l'épargne un autre préjugé. N'a-t-on jamais entendu traiter d'avare celui qui épargne? Ne lui reproche-t-on pas de retirer une valeur de la circulation? et, par conséquent, de porter à la société un certain préjudice?

Au chapitre xv de ses *Harmonies*, Bastiat enseigne qu'épargner, ce n'est pas autre chose que de *mettre volontairement un intervalle entre le moment où l'on rend des services à la société et celui où l'on en retire des services équivalents.*

Or, en quoi celui qui s'abstient de retirer du milieu social un service auquel il a droit fait-il tort à la société ou nuit-il au travail ?

M. Courcelle-Seneuil est allé plus loin (*Traité d'économie politique*), et il considère comme un véritable travail l'action de conserver, la capitalisation. « Dans la résistance, dit-il, à la tentative de dépenser, dans la persévérance à lutter contre la fantaisie, quelquefois même contre un désir légitime, il y a un travail moral souvent plus pénible que le travail des bras ; et quand c'est au sein d'une famille pauvre qu'on se prive ainsi en vue de l'avenir, on peut redire le mot de Montaigne sur la continence : « Je ne connais pas de faire plus actif ni plus vaillant que ce non-faire». Et M. Courcelle-Seneuil ajoute cette conséquence très-importante : Si l'épargne est un travail, une rémunération lui est due. Voilà une porte ouverte sur l'intérêt des capitaux. Les définitions et les analyses de Bastiat au sujet du capital et de l'épargne sont complètes. Le capital vient du travail : à ce titre, il est sacré. La rémunération en est aussi légitime que le salaire de l'ouvrier. Bastiat est fondé à invoquer ici l'idée de justice.

Nous avons vu, à propos de la rente foncière, avec quel discernement il en faut user dans les problèmes d'économie politique. Mais cette science, nous le répétons, n'est pas seulement positive : elle est encore morale, et, à ce titre, elle ne doit pas rejeter systématiquement la considération du juste et de l'injuste.

En ce qui concerne le capital et le crédit, les

armes habituelles du socialisme se retournent contre lui, et il éprouve un désavantage manifeste. Bastiat l'a parfaitement compris, et dans cette question il a usé en maître de moyens qui l'avaient mal servi ailleurs.

Il a bien vu que plusieurs solutions économiques, comme la rémunération du travail actuel ou antérieur, sont adéquates de l'idée de justice, et, qu'en ces points, l'harmonie morale se rencontre avec l'harmonie supérieure de la science.

Bastiat sait invoquer les principes qui s'imposent au cœur de l'homme ; il prononce les grands noms de justice et de liberté avec une émotion communicative qui fait de lui le premier des propagateurs de l'économie politique.

L'idée de l'intérêt, intimément liée à celle du capital, a eu des débuts difficiles. Autour d'elle se sont livrés, dans tous les temps, d'âpres combats. La philosophie, la scolastique, l'Eglise et le socialisme l'ont tour à tour anathématisée et flétrie. Après le *quid fœnari*, *quid hominem occidere* de Caton, après le *mutuum date, nihil inde sperantes* de l'Evangile et les défenses de la Bible (Moïse, David, Ezéchiel, etc.), S. Basile s'écriait : « Que font les prêteurs, sinon s'enrichir des misères d'autrui, tirer avantage de la faim et de la nudité du pauvre ; être inaccessibles aux mouvements de l'humanité? Faire l'usure, c'est recueillir où l'on n'a rien semé ; c'est une cruauté indigne d'un chrétien, indigne d'un homme». (*Sur le Psaume* XIV).

S. Thomas d'Aquin s'efforçait de prouver que

« les choses fongibles , n'ayant point un usage distinct de la chose même, ne sauraient permettre de retirer un prix de cet usage, sans rendre une chose qui n'existe pas ou sans exiger deux fois le prix de la même chose ».

Luther disait que « tout usurier est un voleur digne du gibet ».

Antonio, dans *le Marchand de Venise*, dit à Shylock : « Si tu me prêtes cet argent, ne me le prête pas comme à ton ami (car jamais l'amitié exigea-t-elle qu'un stérile métal se multiplie à son profit dans les mains d'un ami ?), mais comme à ton ennemi ».

Proudhon écrivait en 1849 : « Je dis que la société me doit le crédit et l'escompte sans intérêt : l'intérêt, je l'appelle VOL ». *(Intérêt et Principal).*

On reconnaît, au fond de ces malédictions, le vieil argument d'Aristote sur la stérilité de l'argent.

Eh ! bien, l'intérêt, battu par tous les vents, proscrit par la plus formidable puissance du moyen âge, a résisté. Il a longtemps vécu clandestinement pour échapper à la persécution ; mais il est un ressort si nécessaire du progrès social, qu'un jour est venu où ses entraves se sont brisées. Nos lois l'ont à demi reconnu aujourd'hui, et il est entièrement réhabilité dans la science.

On est surpris de voir le rigoureux Calvin réagir un des premiers contre le préjugé universel.

« On dit que l'argent n'enfante pas l'argent ; mais la mer le produit-elle ? Est-il le fruit d'une maison, pour l'usage de laquelle pourtant je reçois un loyer ? L'argent, à proprement parler, naît-il du toit et des murailles ? Non ; mais la terre produit, la mer porte des navires qui servent à un commerce productif, et avec une somme d'argent on peut se procurer une habitation commode. Si donc il arrive que l'on retire d'un négoce plus que de la culture d'un champ, pourquoi ne permettrait-on pas au possesseur d'une somme d'argent d'en retirer une somme quelconque, quand on permet au propriétaire d'un champ stérile de le donner à bail moyennant fermage? Celui qui demande à un prêteur un capital veut apparemment s'en servir comme d'un instrument de production. Ce n'est donc pas de l'argent que provient le bénéfice, mais de l'emploi qu'on en fait ».

Rien de plus juste ni de plus scientifique n'a été dit depuis Calvin sur la question de l'intérêt.

Ecoutons maintenant l'auteur des *Réflexions sur la formation et la distribution des richesses* :

« Puisqu'on vend l'argent, dit Turgot (car le donner en échange des autres marchandises, c'est le vendre), pourquoi ne le louerait-on pas comme tout produit? Par quel étrange caprice la morale ou la loi prohiberait-elle un contrat libre entre deux parties, qui toutes deux y trouvent leur avantage? Et peut-on douter qu'elles l'y trouvent, puisqu'elles n'ont pas d'autre motif pour s'y déterminer? Pourquoi l'emprunteur offrirait-il un loyer de cet argent pour un temps, si pendant ce temps l'usage de cet argent ne lui était avantageux? Et si l'on répond que c'est le besoin qui le force à se soumettre à cette condition, est-ce que ce n'est pas un avantage que la satisfaction d'un véritable besoin? Est-ce que ce n'est pas la plus grande de toutes? C'est aussi le besoin qui force

un homme à prendre du pain chez un boulanger;
le boulanger en est-il moins en droit de recevoir
le prix du pain qu'il vend » ?

On sait avec quelle hardiesse et quelle *humour*
Jérémie Bentham prit le taureau par les cornes,
dans un écrit qu'il ne craignit pas d'appeler *Défense de l'usure*.

Les choses en étaient là, quand le socialisme
vint rajeunir les antiques arguments contre la légitimité de l'intérêt. Parmi les théories qui brillè-
rent un instant sur l'horizon socialiste, la plus célèbre fut celle du *Crédit gratuit*, de Proudhon.
Elle éclata sous la forme militante, à l'occasion
d'un spirituel pamphlet de Bastiat, intitulé *Capital et Rente*, et d'où la légitimité de l'intérêt ressor-
tait d'une façon aussi pressante que simple.

« Supposons, disait Bastiat, que deux hommes
échangent deux services ou deux choses dont
l'équivalence soit à l'abri de toute contestation.
Supposons, par exemple, que Pierre dise à Paul :
« Donne-moi dix pièces de dix sous contre une
» pièce de cinq francs ». Il n'est pas possible
d'imaginer une équivalence plus incontestable.
Quand ce troc est fait, aucune des parties n'a rien
à réclamer à l'autre. Les *services* échangés *se valent*. Il résulte de là que, si l'une des parties veut
introduire dans le marché une clause addition-
nelle qui lui soit avantageuse et qui soit défavorable à l'autre partie, il faudra qu'elle consente à
une seconde clause qui rétablisse l'équilibre et la
loi de justice. Voir l'injustice dans cette seconde
clause de compensation, voilà certainement qui
serait absurde. Cela posé, supposons que Pierre,

après avoir dit à Paul : « Donne-moi dix pièces de dix sous, je te donnerai une pièce de cent sous », ajoute : « Tu me donneras les dix pièces de dix sous *actuellement*, et moi je ne te donnerai la pièce de cent sous que *dans un an* »; il est bien évident que cette nouvelle proposition change les charges et les avantages du marché, qu'elle altère la proportion des deux services. Ne saute-t-il pas aux yeux, en effet, que Pierre demande à Paul un *service nouveau*, supplémentaire et d'une autre espèce ? N'est-ce pas comme s'il disait : « Rends-moi le service de me laisser utiliser à mon profit, pendant un an, cinq francs qui t'appartiennent et que tu pourrais utiliser toi-même »? Et quelle bonne raison peut-on avoir de soutenir que Paul est tenu de rendre gratuitement ce service spécial; qu'il ne doit rien demander de plus en vue de cette exigence, et que l'Etat doit intervenir pour le forcer de la subir? Comment comprendre que le publiciste (c'est Proudhon) qui prêche au peuple une telle doctrine la concilie avec son principe de la *mutualité des services* » ?

La brochure de Bastiat avait fait de l'impression dans la classe ouvrière, et même enlevé au socialisme un certain nombre d'adeptes. Proudhon, à cette époque (1849), répandait sa doctrine par le journal *la Voix du peuple*. On jugea urgent de répondre à Bastiat, et M. Chevé fut chargé de le réfuter. Ce fut l'origine de cette fameuse polémique entre Bastiat et Proudhon, où se trouvent développées avec un égal talent, mais non avec le même succès, deux thèses diamétralement contraires. Fougue et exubérance, dialectique ultràsubtile du côté de Proudhon, esprit et infatigable bon sens du côté de Bastiat.

Nous nous arrêterons à cette lutte, intéressante autant par le nom des champions que par l'importance des questions discutées. Elle achèvera de nous faire connaître les idées de Bastiat sur le capital et le crédit, et de nous éclairer sur ce que nous devons en penser nous-mêmes.

C'était un singulier homme que Proudhon. Il disait un jour à Bastiat : « Je voudrais bien aller en paradis, mais j'ai peur que tout le monde n'y soit d'accord et de n'y trouver personne avec qui disputer ».

Il a laissé plusieurs propositions qui caractérisent assez bien l'allure de son esprit. En voici quelques-unes :

« Il n'y a pas de supériorité réelle ; le plus beau génie n'est qu'un enfant sublime.

» Le talent est l'attribut d'une âme disgraciée.

» Il y a un homme que je déteste à l'égal du bourreau, c'est le martyr.

» La propriété, c'est le vol.

» Dieu, c'est le mal.

» La femme, c'est la débauche.

» Le gouvernement, c'est l'anarchie ».

Ces coups de pistolet, tirés au cours de ses théories, jetaient l'épouvante au sein de la bourgeoisie. Il semblait, à chaque instant, que la société allait crouler sur ses bases. Le nom de Proudhon est resté la terreur de ceux qui croient aux subversions durables.

Proudhon aime l'expression intensive. Il condense en deux mots une satire de Juvénal ou la philosophie de Lucrèce. Il est ivre d'indépendance. Il use à sa guise du droit qu'a tout homme d'examiner les traditions et les principes. Il y a, dans ses pamphlets, des pages magnifiques où l'on sent le génie, et c'est un polémiste de premier ordre. Mais lorsqu'il veut faire œuvre d'édification, sa supériorité disparaît. Cette intelligence qui a l'illuminisme de l'antinomie, de l'immanence et de la transcendance, est impropre à la synthèse. On voit d'abord Proudhon employer le mécanisme de la loi sérielle pour arriver à la vérité : on se figure aisément le résultat d'un procédé mathématique appliqué sans discernement et sans mesure aux rapports ondoyants de la société humaine. Bientôt il laisse la série de Fourier pour l'antinomie de Hégel : alors le pour et le contre se heurtent sur le pied de l'égalité, les arcanes de la scolastique épaississent les ténèbres, et le lecteur éperdu voit le chaos sans le comprendre, ou bien devient fou et comprend.

Voilà l'homme à qui Bastiat avait affaire : *Quidquid dixeris argumentabor.*

M. Chevé, nous l'avons dit, ouvrit le feu.

Il entassa les plus étranges propositions, et fit preuve d'une véritable ignorance des questions économiques. On le voit adhérer, il est vrai, à cette formule : Le prêt est un service qui doit s'échanger contre un service. Cette adhésion fait même espérer des conclusions conformes à celles de Bastiat. Mais survient une bizarre et injustifiable distinction sur la nature des services. M. Chevé essaie de démontrer que le service qui consiste à céder l'usage temporaire d'une propriété n'est pas un service comme un autre, qu'il ne peut pas être évalué comme un autre et ne doit pas être rémunéré par la cession définitive d'une propriété. L'*usage* ne se paie que par l'usage. C'est avec cette étroitesse que M. Chevé comprend l'équivalence des services. Partant de ce beau principe, il déclare que l'intérêt est « illégitime, inique et spoliateur ». Il en tire une autre conséquence, c'est que l'intérêt nuit à l'emprunteur, au prêteur lui-même et à la société tout entière. Enfin, il apprend à Bastiat qu'il l'a réduit par *sa propre méthode*. On était bien jeune alors dans le socialisme.

En répondant au rédacteur de la *Voix du peuple*, Bastiat n'eut pas de peine à démontrer que l'usage d'une propriété est une valeur comme une autre, et que toute valeur peut s'échanger contre une autre quelconque. La théorie dans laquelle la location d'une maison ne peut être rémunérée que par la location d'une maison, l'usage d'un capital que par l'usage d'un capital de même nature et de même valeur, cette théorie, tout en laissant parfaitement subsister le principe de l'intérêt, ne tendrait à rien moins qu'à frapper d'inertie toutes les transactions. Elle ne réforme pas, elle paralyse.

Le capital est fécond, et sa coopération n'est pas rémunérée aux dépens du travail. Cette rémunération, d'ailleurs, n'est pas exclusivement attachée à la circonstance du prêt.

« Voilà, dit Bastiat un homme qui veut faire des planches. Il n'en fera pas une dans l'année, car il n'a que ses dix doigts. Je lui prête une scie et un rabot, — deux instruments qui sont le fruit de mon travail et dont je pourrais tirer parti pour moi-même. Au lieu d'une planche, il en fait cent et m'en donne cinq. Je l'ai donc mis à même, en me privant de ma chose, d'avoir quatre-vingt-quinze planches au lieu d'une, et vous venez dire que je l'opprime et le vole ! L'ouvrier verra fructifier son travail ; l'humanité verra s'élargir le cercle de ses jouissances ; et je suis le seul au monde, moi, l'auteur de ces résultats, à qui il sera défendu d'y participer, même du consentement universel » !

On ne saurait poser la question d'une façon plus saisissante. L'émoi fut grand aux bureaux de la *Voix du peuple.* Le dieu lui-même se vit forcé de paraître pour rétablir le combat. Avec Proudhon, voici une langue nouvelle. On escalade les nuages pour arriver à la vérité. Cette vérité, il la proclame avec l'accent d'un maître qui ne souffre pas la contradiction.

« A vous voir, dit-il à Bastiat, raisonner contre le socialisme de 1849, on vous prendrait pour un Epiménide se réveillant en sursaut, après quatre-vingts ans de sommeil. Aussi en arrière des idées que des faits, vous nous parlez exactement comme ferait un rentier d'avant 89 ».

Et il brandit sur l'économiste la dialectique allemande, la terrible *antinomie.*

« D'un côté, il est très-vrai, M. Bastiat, ainsi que vous l'établissez vous-même péremptoirement, que le prêt est un *service ;* il s'ensuit qu'il doit avoir son *prix* ou porter *intérêt.* Mais il est vrai aussi, et cette vérité subsiste à côté de la précédente, que celui qui prête dans les conditions ordinaires du métier de prêteur, *ne se prive pas*, comme vous le dites, du capital qu'il prête. Il le prête, au contraire, précisément parce que ce prêt ne constitue pas pour lui une privation ; il le prête parce qu'il n'en a que faire pour lui-même, étant suffisamment d'ailleurs pourvu de capitaux ; il le prête enfin parce qu'il n'est ni dans son intention, ni dans sa puissance de le faire personnellement valoir ; parce qu'en le gardant entre ses mains, ce capital, stérile de sa nature, resterait stérile, tandis que par le prêt et par l'intérêt qui en résulte, il produit un bénéfice qui permet au capitaliste de vivre sans travailler. Or, vivre sans travailler, c'est, en économie politique aussi bien qu'en morale, une proposition contradictoire, une chose impossible ».

Ces dernières paroles, spécieuses au premier abord, montrent une fois de plus le péril que nous avons déjà signalé, celui de se placer exclusivement sur le terrain du juste et de l'injuste pour résoudre les questions économiques. Alors même que l'idée de justice est en harmonie avec la solution économique, comme dans l'espèce, où il s'agit, en définitive, de la rémunération du travail actuel ou antérieur, on voit qu'un disputeur habile peut soulever des difficultés, au moins apparentes.

Ainsi, la justice commutative de l'intérêt, d'un côté ; de l'autre, l'impossibilité organique, l'immoralité du même intérêt, tel est le point auquel Proudhon saisit la question. « Il faut, dit-il, sortir de cette contradiction et chercher comment on parviendra à supprimer l'abus sans endommager le droit. Le but qu'on doit se proposer est l'égalité des conditions et des fortunes, qui dériverait de l'équilibre de la prestation mutuelle des capitaux matériels et immatériels ». Nous voilà en pleine chimère socialiste.

Proudhon constate avec Bastiat que le cours naturel des choses amène entre les producteurs une réciprocité de prestations de plus en plus équilibrée ; par suite, une compensation de plus en plus égale des intérêts, une baisse continue du prix des capitaux.

Mais tandis que Bastiat attribue au capital le mérite du progrès opéré dans le domaine de l'industrie et de la richesse, Proudhon l'attribue seulement à la *circulation* du capital.

Il se demande si, pour provoquer cet équilibre du crédit et du revenu, il ne serait pas possible d'agir directement, non sur les capitaux, mais sur la circulation.

Alors, il expose son système de crédit gratuit, son projet de banque où l'escompte et le crédit sur hypothèque se feraient à 1/2 pour 100. — (Ce 1/2 pour 100 représenterait uniquement les frais d'administration). — Une cotisation de 1 pour 100 sur la totalité du capital mobilier et immobilier du pays, et formant *un milliard* serait la base des opérations. « L'escompte, le prêt, la commandite, étant à 1/2 pour 100, le capital-monnaie serait immédiatement frappé, entre les mains de tous les usuriers et prêteurs d'argent, d'improductivité absolue ; l'intérêt serait nul, le crédit gratuit.

« Le capital maison le deviendrait lui-même bientôt ; les maisons ne seraient plus en réalité capital ; elles seraient marchandise, cotée à la Bourse comme les eaux-de-vie et les fromages, et louée ou vendue, deux termes devenus alors synonymes, *à prix de revient*. Le capital terre suivrait le capital maison, et le fermage, au lieu d'être la redevance payée au propriétaire non-exploitant, serait la compensation du produit entre les terres de qualité supérieure et les terres de qualité inférieure ».

On voit que les faiseurs de systèmes ne sont guère embarrassés pour modifier le cours naturel des choses. Jusqu'à Proudhon, l'humanité s'était trompée. Elle avait croupi dans l'ornière de l'intérêt. Heureusement Proudhon est venu. Il n'a qu'à ouvrir la main, et la solution de tant de maux va s'en échapper. Il reste, il est vrai, pour dessiller tout à fait les yeux des suppôts de l'expérimentation, gens de petite portée, et incapables de sentir la beauté des conceptions *à priori*, économistes terre à terre, qui s'enquièrent avant tout des résultats, il reste à mettre en pratique le crédit gratuit. Mais l'expérience ne coûte qu'un milliard, et à ce prix tout homme bien né voudra certainement en avoir le cœur net.

Bastiat ramène à la question son adversaire. Il ne s'agit pas de la banque du peuple, mais de la légitimité de l'intérêt. Or, dire oui et non n'est pas répondre.

L'argument tiré de ce que celui qui prête *ne se prive pas*, est sans valeur. Qu'importe qu'on ne se prive pas, si l'on a créé un capital par son travail, précisément pour le prêter? Il n'y a là qu'une équivoque sur l'effet nécessaire de la séparation des occupations. Cet argument attaque la vente aussi bien que le prêt. Le chapelier, en effet, ne se prive pas du chapeau qu'il vend.

Bastiat s'élève à d'éloquentes considérations sur la productivité naturelle et nécessaire du capital. Il insiste sur le loisir qu'il procure à l'homme, loisir qui permet à ce dernier de développer ses organes, ses affections, son intelligence, le sens du beau, ce qu'il y a de plus noble dans sa nature.

« Le capital est l'ami, le bienfaiteur de tous les hommes, et particulièrement des classes souffrantes; car il allége pour tous, dans une certaine mesure, le fardeau de la peine, et il est un agent d'égalisation dans le progrès. S'il y a un triste spectacle au monde — spectacle qu'on ne peut définir que par les mots de suicide moral, matériel et collectif —, c'est de voir les classes laborieuses, dans leur égarement, faire au capital une guerre acharnée ».

La contradiction hégélienne avait été de peu de secours à Proudhon contre Bastiat ; aussi l'abandonna-t-il pour le procédé de la distinction. Il essaie de prouver, par des inductions tirées de l'histoire, que l'illégitimité peut succéder à la légitimité, mettant d'ailleurs au service d'une thèse des plus risquées une incomparable souplesse de talent. Mais Bastiat, qui ne perd aisément ni son sang-froid ni son esprit, lui demande s'il est vrai que prêter n'est plus aujourd'hui 'rendre un service ?

Et il établit que la gratuité du crédit est aussi

chimérique que la compensation universelle des intérêts et l'égalité absolue des fortunes. Toute valeur se compose de deux éléments : la rémunération du travail et celle du capital. Pour que ces deux éléments entrassent, en proportion identique, dans toutes les valeurs égales, il faudrait que toute œuvre humaine admît le même emploi de machines, la même consommation d'approvisionnements, le même contingent de travail actuel et de travail accumulé.

La vérité, c'est que l'intérêt dispense d'une rémunération plus onéreuse. Loin d'être un tyran, le capital rend des services qui lui méritent une rémunération, et celle-ci diminue avec l'abondance du capital (1).

Mais pour que le capital abonde, *il faut qu'on soit intéressé à le former* par l'espoir d'une rémunération.

Il est curieux de lire les reproches dont Proudhon accable Bastiat, à la suite de cette paisible démonstration. Ne sachant plus trop comment discuter, il se jette dans l'histoire, et va demander aux Hébreux, aux Grecs et aux Romains ce qu'ils pensaient de l'intérêt. A quoi Bastiat répond : « J'admire la dévotion qui a saisi certains socialistes (avec lesquels je ne vous confonds pas), de-

---

(1) Ce qui se passe en ce moment dans le monde des affaires confirme une fois de plus cette proposition. L'encaisse métallique de la banque de France dépasse (mars 1877) 2 milliards 200 millions, le numéraire abonde partout : aussi que voit-on ? les meilleures valeurs ne donner qu'un intérêt inférieur à 5 % et l'escompte tomber à 2 et à 1 %.

puis qu'ils ont découvert, à l'appui de leur thèse, quelques textes dans l'Ancien et le Nouveau Testament, les conciles et les Pères de l'Eglise. Entendent-ils nous donner ces autorités comme infailli-\ bles en matière de science et d'économie sociale »?

Les reproches et les invectives de Proudhon redoublent. « Où donc, monsieur Bastiat, avez-vous appris, je ne dis pas à raisonner, car il appert dès le commencement de cette polémique que le raisonnement en vous se réduit à affirmer et confirmer toujours votre proposition — mais à discuter? Quand vous auriez fait un pacte avec l'usure, pour embrouiller la question et empêcher notre débat d'aboutir, en l'embarrassant d'incidents, de hors-d'œuvre, de vétilles et de chicanes, vous n'eussiez pu vous y prendre autrement ».

Se fondant sur les opérations de la Banque de France, Proudhon essaie de nier les cinq propositions où Bastiat résume la loi des capitaux. Ces propositions sont ainsi conçues :

Le capital féconde le travail ;

Le capital est du travail ;

A mesure que le capital s'accroît, l'intérêt baisse, mais de telle sorte que le revenu total du capitaliste augmente ;

A mesure que les capitaux augmentent (et avec eux les produits), la part absolue qui revient au capital augmente, et sa part proportionnelle diminue ;

A mesure que les capitaux augmentent (et avec eux les produits), la part proportionnelle et la part absolue du travail augmentent.

Avec son ardeur ordinaire, et non sans faire

de graves confusions (celle, par exemple, du numéraire existant et de la somme des capitaux, ce qui le conduit à dire cette énormité : On paie 1,600 millions d'intérêt en France pour un milliard de capital), Proudhon exécute une charge à fond contre le capital ; et il ne manque pas de présenter ensuite son invariable remède :

« La production à doubler, dit-il,

» Le bien-être du travailleur à quadrupler,

» Voilà ce qu'en vingt-quatre heures, par une simple réforme de banque, nous pourrions, si nous le voulions, réaliser, sans dictature, sans communisme, sans phalanstère, sans Icarie et sans Triade. Un décret, en douze articles, de l'Assemblée nationale ; une simple déclaration de ce fait que la Banque de France, par l'augmentation de son numéraire, est devenue banque nationale ; qu'en conséquence elle doit fonctionner au nom et pour le compte de la nation, et le taux des escomptes être réduit à 3/4 pour 100 — et la révolution est aux trois quarts faite.

» Mais c'est ce que nous ne voulons pas... ;

» C'est ce que ne veut pas la Banque de France, citadelle du parasitisme ;

» Ce que ne veut pas le gouvernement, créé tout exprès pour soutenir, protéger, encourager le parasitisme ;

» Ce que ne veut pas la majorité de l'Assemblée nationale, composée de parasites et de fauteurs de parasites ;

» Ce que ne veut pas la minorité, entêtée de gouvernement, et qui se demande ce que deviendra la société, quand elle n'aura plus de parasites ;

» Ce que ne veulent pas les socialistes eux-mêmes, prétendus révolutionnaires, à qui la liberté,
l'égalité, la richesse, le travail, ne sont rien, s'il
leur faut abandonner ou seulement ajourner leurs
chimères, et renoncer à l'espoir du gouvernement ;

» Ce que ne sait pas demander le prolétariat,
ahuri de théories sociales, de toasts à l'amour et
d'homélies fraternelles ».

On le voit, Proudhon s'en prend à tout le
monde ; mais, au milieu de ses utopies, il sait dire
à chacun son fait. Ces explosions de colère et ces
rêveries donnent de la tête et du cœur de Proudhon une idée plus vraie que ne le ferait toute
critique.

Les changements de tactique de Proudhon, et
surtout ses digressions, ne parvenaient pas à dé-
router Bastiat.

Les inductions tirées d'un établissement privi-
légié, la Banque de France, sont sans valeur à ses
yeux.

« Quand, pour atteindre la légitime rémunération du capital, écrit-il, vous frappez les illégiti-
mes extorsions du privilége, cet artifice ne ren-
ferme-t-il pas l'aveu que vous êtes impuissant
contre les droits du capital exercés sous l'empire
de la liberté ?

» Réalisons la liberté et laissons-la agir. S'il est
dans la nature du capital de se prêter gratuitement, la liberté développera le crédit gratuit.
Soyez bien convaincu que je serai, si je vis encore, le premier à m'en réjouir. J'emprunterai
gratis, et pour le reste de mes jours, une belle

maison sur le boulevard, avec un mobilier assorti et un million au bout. Mon exemple sera sans doute contagieux, et il y aura force emprunteurs dans le monde. Pourvu que les prêteurs ne fassent pas défaut, nous mènerons tous joyeuse vie ».

Restons sur cette jolie réplique de l'auteur des *Sophismes*. Elle est péremptoire, et vaut tout ce qu'on pourrait dire de scientifique sur la question de l'intérêt. Nous craindrions de fatiguer le lecteur en insistant davantage sur cette polémique, qui contient la matière d'un volume, et qui continua avec son contingent de reproches, d'études abstraites et de saillies, pendant quatorze lettres. Il est peu de discussions qui soient demeurées aussi intéressantes par la forme et par le fond.

Comme il arrive toujours, ni Bastiat ni Proudhon ne se sont réciproquement convaincus. Chacun est rentré dans sa tente sans avoir rien cédé, et, aujourd'hui encore, l'un et l'autre ont des partisans. La lumière n'est pas faite pour tous. Elle ne se fera peut-être jamais. Les intelligences, en effet, sont très-différentes comme nature et comme tendances. Il y en a qui sont avides de clarté, de précision, de résultats nets et positifs : la langue de Voltaire est faite pour elles; d'un bond elles saisissent ce qui est simple et vrai ; elles vont toujours droit devant elles. Celles-là comprendront Bastiat.

Il y en a d'autres que le grand jour met mal à l'aise. Il leur faut du mystère, des conceptions étranges, des sophismes, et le ton des thaumaturges ne leur déplaît pas. Là même où l'évidence mathématique a porté son flambeau, elles cherchent encore le mot de l'énigme. Tous les ans, l'Académie des sciences reçoit de nombreux mémoires sur la quadrature du cercle, le mouvement perpétuel ou la sommation de certaines séries irréductibles. On a vu de braves gens reprocher à Newton et à Laplace d'avoir perdu l'astronomie par la théorie de la gravitation universelle. Si donc il y a des esprits constitués de telle sorte qu'ils résistent à la souveraine certitude des sciences exactes, comment s'étonner d'en rencontrer qui seront toujours réfractaires aux inductions les mieux justifiées de la science économique? On ne doit pas espérer de les ramener jamais, car leur langue n'est pas celle du reste des hommes, et Proudhon conservera leur faveur.

L'intérêt de la polémique de Bastiat et de Proudhon consiste surtout en ce que les objections de toute sorte que l'on pouvait formuler contre l'intérêt des capitaux y ont été discutées et jugées. Tout ce que le talent pouvait contre une loi naturelle a été accumulé avec une énergie sans égale, et très-simplement réfuté. Bastiat avait trop de finesse pour compter réduire Proudhon lui-même. Mais, par-dessus la tête de son adversaire, il s'adresse à ceux que le dieu ne possède pas et qui n'ont point de trépied. Le bon sens public lui a donné raison.

Quoique Bastiat ait réservé, dans la question de l'intérêt, la plus grande place aux considérations morales et au principe de justice, il n'a pas perdu de vue les preuves que fournit la méthode scientifique pure, et il a bien saisi, dans son analyse de la formation des capitaux, la raison pour laquelle l'intérêt est indestructible.

C'est néanmoins l'Allemagne qui a donné la forme la plus rigoureuse à la démonstration de *la nécessité* de l'intérêt.

Henri de Thünen et son disciple, M. Wolkoff, se plaçant exclusivement au point de vue scientifique, ont établi que, le capital étant un moyen de produire des objets de consommation, sans pouvoir être considéré lui-même comme un objet de consommation, on ne peut rémunérer le travail générateur du capital que par le produit du capital pendant la durée de son emploi. Ce produit est l'intérêt. « Dans la production des capitaux, recevoir son salaire, c'est vendre périodiquement la partie du capital qui correspond au travail payé. Il y a, sous ce rapport, assimilation entre le salarié et le vendeur d'un capital produit par ce vendeur à ses propres frais. Lorsque l'ouvrier vend le capital qu'il a confectionné, il touche bien d'un seul coup la rémunération intégrale de son travail ; mais cette circonstance ne doit pas masquer le mécanisme de l'intérêt ; car celui qui acquiert le capital se trouve dans la même situation que le producteur du capital, et ne peut être indemnisé que par l'intérêt. Essayez de le lui refuser : il refusera de son côté d'acquérir le capital, et les ouvriers, les producteurs du capital, seront obligés d'en retirer les intérêts eux-mêmes. On les verra abandonner leur métier de producteurs d'instruments de travail pour passer à celui où l'on emploie ces instruments. Par exemple, les producteurs de pelles devront se faire terrassiers, quittes à revenir de nouveau à la confection des pelles, quand elles seront usées. Ce sera l'abandon du puissant et fécond principe de la division du travail.

» Si l'on examine l'intérêt des capitaux-argent, le sens rationnel n'en est pas plus difficile à saisir que celui de l'intérêt des capitaux-instruments de production. A vrai dire, l'argent n'est pas capital; il circule toujours et n'a, suivant le mot de J.-B. Say, d'utilité qu'au moment où l'on s'en défait. Mais le prêteur, en dernière analyse, est le vrai propriétaire du capital productif que son argent sert à acheter. Economiquement, l'emprunteur n'est qu'un régisseur de l'entreprise, tant qu'il n'a pas payé sa dette ». (M. Wolkoff).

Au nombre des questions que Bastiat n'a pas été conduit à approfondir ou même à aborder, en restant toujours dans notre ordre d'idées, on peut citer le taux de l'intérêt. Partisan de la liberté en toutes choses, il aurait sans doute demandé l'abolition des limites posées par la loi. Son éminent disciple, M. de Fontenay, a complété en ce point sa doctrine. Il a démontré que la loi qui limite le taux de l'intérêt du prêt d'argent est, comme toute réglementation des prix sur un marché quelconque, une atteinte au droit de propriété, en vertu duquel chacun doit pouvoir disposer comme il l'entend de son bien, céder définitivement ou temporairement ses services pour le prix qui lui en est librement offert, et se procurer pareillement les services des autres pour le prix qu'il lui convient d'y mettre.

« Si on laisse de côté la question de droit pour

s'attacher aux considérations d'utilité pratique, il est aisé de voir que la loi qui limite le taux de l'intérêt va directement contre le but qu'elle paraît se proposer, et que, sous prétexte de rendre le crédit moins onéreux à la classe la plus nombreuse et la plus pauvre des emprunteurs, elle le leur rend impossible ».

Proudhon, sous prétexte de crédit gratuit, rend aussi le prêt inaccessible aux ouvriers dénués ; car il ne prête qu'aux gens notoirement solvables. Cette belle philanthropie se réduit donc, tant du côté de la loi que du côté du socialisme, à aggraver la condition des classes laborieuses.

Turgot a donné une image frappante de l'influence du taux de l'intérêt :

« On peut regarder, dit-il, le prix de l'intérêt comme un niveau au-dessous duquel tout travail, toute culture, tout commerce cesse. C'est comme une mer répandue sur une vaste contrée : les sommets des montagnes s'élèvent au-dessus des eaux et forment des îles fertiles et cultivées. Si cette mer vient à s'écouler, à mesure qu'elle descend, les terrains en pente, puis les plaines et les vallons paraissent et se couvrent de productions de toute espèce. Il suffit que l'eau monte ou s'abaisse d'un pied pour rendre à la culture des plages immenses (*Formation et distribution des richesses*) ».

Bastiat et Proudhon étaient également pénétrés des avantages de l'abaissement de l'intérêt. Seulement Proudhon, par ses moyens artificiels et incompatibles avec le fonctionnement régulier des lois naturelles, aurait amené un surenchérissement excessif de l'intérêt, en atteignant le capital dans ses sources.

Bastiat, meilleur philosophe, quoique dialecticien moins surprenant, voulait qu'on favorisât la formation des capitaux en leur laissant une libre rémunération, et démontrait que c'était l'unique moyen d'arriver au but.

CHAPITRE IV.

Le Salaire et la Population.

Nul n'a traité la question des salaires avec plus d'élévation que Bastiat; nul, à cette occasion, n'a mieux démontré qu'il n'y a pas d'antagonisme entre le capital et le travail, et qu'au contraire ils sont l'un pour l'autre d'indispensables auxiliaires. Dans le Chapitre XIV des *Harmonies*, où il étudie les rapports économiques du travail et du capital, Bastiat établit que le capital, qui n'est que du travail antérieur, a pour destination de rémunérer le travail actuel. Sans lui point de travail, parce que, pour se livrer à un ouvrage quelconque, et avant tout gain de l'entreprise, il faut être assuré de vivre. Or, la vie n'est assurée que par des approvisionnements ou les moyens de s'en procurer immédiatement, c'est-à-dire par le capital. Le salaire, une des formes de la rémunération du travail, est loin de mériter le mal qu'en ont dit les socialistes et les organisateurs *a priori* de civilisations.

« Les hommes, dit Bastiat, aspirent avec ardeur à la *fixité*. Par le cours naturel du progrès, cette fixité s'étend peu à peu à tous les hommes. Elle est l'admirable effet des lois harmoniques, que les utopistes voudraient suspendre et remplacer. La diminution progressive du domaine de l'*aléatoire* se manifeste, par exemple, dans le mécanisme et le rôle des assurances mutuelles ou des assurances perfectionnées par la présence d'intermédiaires. Eh! bien, le *salaire*, lui aussi, est une approximation vers la fixité. C'est une forme régulière, et, par conséquent, très-perfectionnée, de la rémunération du travail, comme l'intérêt l'est du capital.

» A l'origine des sociétés, l'aléatoire règne pour ainsi dire sans partage. On y trouverait difficilement quelque chose qui ressemblât à des traitements, des appointements, des gages, des salaires, des revenus, des rentes, des intérêts, des assurances, etc., toutes choses qui ont été imaginées pour donner une fixité croissante aux situations personnelles, pour éloigner de plus en plus de l'humanité ce sentiment pénible : la terreur de l'inconnu en matière de moyens d'existence. Le moyen de cette belle évolution du genre humain, c'est le *traité à forfait* pour les chances de l'entreprise ; en d'autres termes, le perfectionnement de l'association. Il est au moins singulier que les grands réformateurs modernes nous montrent l'association comme brisée par l'élément qui la perfectionne.

» Deux hommes travaillent longtemps à chances communes. Il arrive un moment où, le risque pouvant être apprécié, l'un d'eux l'assume tout entier sur lui-même, moyennant une rétribution convenue.

» Cet arrangement est certainement un progrès. Pour en être convaincu, il suffit de savoir qu'il se fait librement, du consentement des deux parties, ce qui n'arriverait pas s'il ne les accommodait toutes deux. L'un y gagne, en prenant tous les risques de l'entreprise, d'en avoir le gouvernement exclusif; l'autre, d'arriver à cette fixité de position si précieuse aux hommes. Quant à la société, en général, elle ne peut que se bien trouver de ce qu'une entreprise, autrefois tiraillée par deux intelligences et deux volontés, va désormais être soumise à l'unité de vue et d'action.

» Mais parce que l'association est modifiée, peut-on dire qu'elle est dissoute? Peut-on dire surtout qu'elle s'est dépravée, alors que la novation est librement consentie et satisfait tout le monde?

» Le capital prend donc la charge de tous les risques et la compensation de tous les profits extraordinaires, tandis que le travail s'assure les avantages de la fixité. Telle est l'origine du salaire.

» Quand la convention s'établit en sens inverse, c'est le travail qui veut assumer les chances bonnes et mauvaises, et c'est la rémunération du capital qui se dégage et se fixe sous le nom d'intérêt.

» Et comme les capitaux ne sont autre chose que des services humains, on peut dire que *capital* et *travail* sont deux mots qui, au fond, expriment une idée commune; par conséquent, il en est de même des mots *intérêt* et *salaire*. Là donc où la fausse science ne manque jamais de trouver des oppositions, la vraie science arrive toujours à l'identité ».

On ne peut qu'être frappé de la rectitude de ces

vues et de cette excellente analyse, qui fonde le salariat sur une tendance naturelle et indestructible de l'humanité.

De ce que le salaire a une haute importance sociale et joue un rôle éminemment bienfaisant, s'ensuit-il qu'il puisse réaliser tous les vœux des utopistes et répondre d'une façon absolue aux aspirations, même les plus naturelles, des hommes ? Bastiat ne pousse pas l'optimisme jusque-là, et il sait discerner ce qu'il est raisonnable de demander à un phénomène économique et humain.

« Le salaire, dit-il, rend plus uniforme, plus égale, plus rapprochée d'une moyenne la rémunération des ouvriers; mais il est une chose qu'il ne peut pas faire, pas plus que n'y parviendrait d'ailleurs l'association des risques, c'est de leur assurer le travail. La fixité des situations, la stabilité ressemble à tous les grands résultats que l'humanité poursuit. Elle en approche toujours, elle ne les atteindra jamais. En quelque genre que ce soit, le bien absolu serait la mort de tout désir, de tout effort, de toute combinaison, de toute pensée, de toute prévoyance, de toute vertu; la perfection exclut la perfectibilité ».

Avec quelle force Bastiat montre le travailleur échappant à l'instabilité en devenant par l'épargne capitaliste à son tour !

« L'incertitude du travailleur est plus pénible que celle du capitaliste.

» Les philanthropes sentimentalistes, qui voient là une inégalité choquante, ne réfléchissent pas qu'on ne peut pas empêcher la nature des choses d'être ce quelle est. Il ne se peut pas que le travail

antérieur n'ait plus de sécurité que le travail actuel,
parce qu'il ne se peut pas que des produits créés
n'offrent des ressources plus certaines que des
produits à créer. Pour que l'envie, à l'égard du
capitaliste, fût justifiable, il faudrait que la stabilité
relative de l'un fût une des causes de l'instabilité
de l'autre. Mais c'est le contraire qui est vrai, et
c'est justement ce capital existant entre les mains
d'un homme qui réalise pour un autre la garantie
du salaire, quelque insuffisante qu'elle paraisse.
Certes, sans le capital, l'aléatoire serait bien autrement imminent et rigoureux.

» L'avenir du capitaliste étant moins chanceux
que celui de l'ouvrier, chacun aspire à posséder.
Les hommes tendent donc à sortir du salariat
pour devenir capitalistes. De siècle en siècle,
l'épargne accroît les capitaux, provoque la demande des bras et détermine l'élévation des salaires. Celle-ci, à son tour, facilite l'épargne et la
transformation du salarié en capitaliste. Il y a
donc, entre la rémunération du travail et l'épargne, une action et une réaction constantes, toujours favorables à la classe laborieuse, toujours
appliquées à alléger pour elle le joug des nécessités urgentes ».

Bastiat ne méconnaît point les calamités qui,
sous toutes les formes — labeur excessif, insuffisance de salaire, incertitude de l'avenir, sentiment d'infériorité — frappent ceux qui n'ont pu
s'élever encore, par la propriété, à une situation
plus douce. « Mais la *misère absolue* (1), dit-il,

(1) Ce terme est un peu absolu lui-même. En effet, la misère

étant le point de départ de l'humanité tout entière, la question est de savoir : 1° Si les lois générales providentielles ne tendent pas à alléger, pour
toutes les classes, le triple joug de l'incertitude, du
dénûment et de l'ignorance ; 2° Si les conquêtes
accomplies par les classes les plus avancées ne
sont pas une facilité préparée aux classes attar-
dées. Si la réponse à ces questions est affirma-
tive, on peut dire que l'harmonie sociale est
constatée.

» On allègue sans cesse que, dans le débat qui
précède le traité, les situations ne sont pas égales,
parce que le capital peut attendre et que le travail ne le peut pas. Le plus pressé, dit-on, est bien
forcé de céder le premier, en sorte que le capitaliste fixe le taux du salaire.

absolue, c'est la mort à courte échéance. Ce n'est pas un point de
départ, mais bien la cessation immédiate de toute activité et de
tout progrès. Henri de Thünen (*Salaire naturel*) établit que, dans
toute l'Europe, le capital a dû précéder l'homme, pour qu'il lui fût
possible seulement de subsister.

« Là seulement, dit-il, où la nature produit spontanément,
c'est-à-dire sans la participation de l'homme, le bananier et le coco-
tier ; où, grâce à la chaleur du climat, ni les vêtements ni un toit
ne sont pour l'homme d'une nécessité absolue, là seulement, pouvait
être placé le berceau de l'humanité, et le capital surgir du travail
même.

« C'est dans les contrées tropicales, telles que les Indes méridionales, le centre de l'Afrique, le Pérou, situés dans la région des
bananiers et des cocotiers, que la race humaine a pu avoir son
origine.

» Dans ces pays, si richement dotés par la nature, les hommes
vivaient dans le superflu, aussi longtemps que, pour une population
croissante, il se trouvait encore des terres inappropriées. Mais,
après que tout le terrain fertile fut occupé, un nouvel accroissement de la population obligea une partie du peuple à se louer

» Sans doute, en s'en tenant à la superficie des choses, celui qui s'est créé des approvisionnements, et qui, à raison de sa prévoyance, peut attendre, a l'avantage du marché. Mais la valeur a le même principe dans le service que dans le produit. Au fond, c'est le service de part et d'autre qui mesure la valeur. Or, si pour le travail actuel tout retard est une souffrance, pour le travail antérieur il est une perte. Et voit-on les manufacturiers arrêter leur fabrication, les agriculteurs retarder leurs récoltes, uniquement pour déprécier le salaire, en prenant les ouvriers par la famine ?

» Mais, sans nier que le capitaliste ait ici l'avantage, n'y a-t-il rien autre chose à considérer ? N'est-ce pas, par exemple, une circonstance tout

---

et à travailler pour un salaire. Ce salaire descendit alors peu à peu jusqu'au point où il devint plus avantageux de se transporter dans des contrées moins favorisées par la nature, mais qui contenaient des terrains inappropriés, et d'y cultiver la terre à l'aide du capital acquis et apporté par les colons ».

Il est clair qu'on ne peut sortir de ces données, quand on veut se rendre compte du peuplement de nos contrées. Nos pères les Troglodytes n'étaient pas *dénués* de tout : ils n'auraient pas vécu ; mais leur misère était très-grande néanmoins. Leur vie dépendait du succès de leur chasse ou de leur pêche. Ils n'avaient pour chasser que des pointes de silex éclaté enchâssées dans un bâton, et leur abri se bornait aux cavernes de l'âge tertiaire, qui avaient servi de refuge à la faune antédiluvienne. Cette existence serait assurément pour nous le dernier degré de la misère. Elle a cependant permis aux premiers habitants de nos continents de se perpétuer et d'ébaucher, dans le lointain des âges, les rudiments de cette civilisation dont nous sommes si fiers.

Il faut donc prendre le mot de misère absolue au sens de misère très-profonde.

en faveur du *travail actuel,* que le *travail accumulé* perde sa valeur par la seule action du temps » ?

C'est là une considération décisive pour le principe harmonique de Bastiat.

« Il est une autre vue plus propre encore, poursuit Bastiat, à éteindre, dans le cœur des ouvriers, cette haine factice contre les autres classes, qu'on a tenté avec succès d'y allumer : le capital, à quelque point qu'il porte ses prétentions, et quelque heureux qu'il soit dans ses efforts pour les faire triompher, ne peut jamais placer le travail dans une condition pire que l'isolement. La présence du capital favorise toujours plus le travail que son absence, et son absence est une limite qui est toujours à la disposition du travail ».

Nous aurons achevé d'exposer la doctrine de Bastiat sur le salaire et le capital, quand nous aurons répondu avec lui à l'objection suivante :

On dit : « L'absence du capital n'est plus une limite qui soit à la disposition du travail. Cela pouvait être vrai dans l'origine des sociétés. Aujourd'hui le capital a tout envahi. Le prolétaire n'a plus ni air, ni espace, ni sol où mettre ses pieds, ni pierre où poser sa tête, sans la permission du capital. Il en subit donc la loi ; vous ne lui donnez pour refuge que l'isolement, qui est la mort !

» Eh bien, si, comme on l'objecte, le capital s'est emparé de toutes les forces de la nature, de tout l'espace, au profit de qui s'est faite cette usurpation ? A son profit sans doute. Mais alors, comment se fait-il qu'un simple travailleur, qui n'a

que ses bras, se procure, en France, en Angleterre, en Belgique, un million de fois plus de satisfactions qu'il n'en recueillerait dans l'isolement,
sans aucune manifestation du capital »?

C'est un noble rôle que celui de l'économiste,
lorsque, au nom de la science, il apporte ainsi
aux hommes la pacification; lorsque aux préven-
tions de classes qui connaissent mal les rapports
qui les unissent, il fait succéder la confiance, l'estime réciproque et la concorde.

Les socialistes auront beau dire, au nom de la
justice, que tout homme a droit à une portion de
terre égale à celle de son voisin, la science ré-
pondra que, pour être parfaitement *juste*, ce con-
tinuel partage du sol n'en serait pas moins une
impossibilité économique; et elle montrera le progrès de la société et le bien-être des individus attachés à l'extension de l'action du capital et de la
propriété. C'est une des plus remarquables harmonies sociales que cette diffusion des bienfaits
de la propriété à l'égard de ceux qui ne sont pas
propriétaires. Laissons les utopistes édifier des
synthèses symétriques avec le niveau du maçon.
Etudions les faits, constatons les lois naturelles
qui les régissent et en font jaillir le progrès, et,
quand nous les avons trouvées, efforçons-nous de
les répandre. Le bonheur des hommes sera en
raison de leur respect pour elles; mais ils ne peuvent respecter que ce qu'ils connaissent. Aussi
l'enseignement de l'économie politique doit-il être
libre et donné largement. L'ère du socialisme et
des remèdes empiriques n'a que trop duré. Il importe d'y substituer celle de la raison et de la

7

science. Et parmi ceux qui ont commencé l'œuvre, parmi ceux mêmes qui la continueront, quel nom rayonnera d'une autorité plus légitime et d'un plus pur éclat que le nom de Bastiat? Ce philosophe sympathique, ce pamphlétaire qui a autant de bonté que d'esprit, c'est le moissonneur qui rapportera les plus lourdes gerbes, c'est le berger qui ramènera le plus de brebis au bercail. C'est par Bastiat que beaucoup sont venus et viendront à l'économie politique.

Si Bastiat a décrit les rapports du salaire avec le capital; s'il a reconnu, avec Adam Smith et l'école, que le taux du salaire est déterminé par la concurrence des ouvriers, par le rapport entre l'offre et la demande du travail; s'il a énoncé ainsi la loi pratique, celle qui découle de l'observation de tous les jours, devons-nous penser que tout est dit sur le salaire et nous tenir pour satisfaits? N'y a-t-il rien de plus à chercher? Sommes-nous en présence d'une formule rationnelle? Nous voyons bien le salaire varier avec les fluctuations du marché, nous constatons même une tendance à la progression, une relation harmonique entre son élévation et l'abondance du capital; mais nous ne connaissons pas le rapport abstrait qui lie le taux du salaire au produit du travail; nous n'avons pas déterminé théoriquement la proportion normale des éléments de la valeur d'un produit industriel. Ces éléments sont souvent au nombre de trois : le salaire, l'intérêt des capitaux et la rente foncière ou de l'emplacement. La plupart des produits, en effet, ont besoin, pour être créés, d'un emplacement (terre ou usine), d'un capital et d'une main-d'œuvre. Mais on a vu plus haut (chap. II) que la rente foncière n'apparaissait pas toujours. On peut donc, pour plus de simplicité, l'éliminer et réduire, comme Bastiat, les éléments de la valeur d'un produit au salaire de l'ouvrier et à l'intérêt des capitaux. Dans ces conditions, quel sera le critérium qui permettra d'apprécier si le taux du salaire est au-dessous ou au-dessus de ce qu'il devrait être, étant donné le profit du capitaliste ? Cette question, pour ainsi dire indifférente à la pratique quotidienne, laquelle est souverainement réglée par la loi de l'offre et de la demande, est néanmoins d'un intérêt réel pour la philosophie de la science. Ni Smith ni Bastiat ne s'en sont occupés. Ricardo, seulement, a élargi la signification du minimum que Smith et son école attribuaient au salaire naturel. Ce minimum était la satisfaction des besoins nécessaires *à la vie* de l'ouvrier. Ricardo enseigna que le prix naturel du travail est celui qui met l'ouvrier en état *de subsister et de prolonger sa race* (1). Les économistes français et anglais n'ont point été au-delà dans cette recherche du taux du salaire, abstraction faite de la loi brutale du marché. L'observation et la spéculation pure étaient, du reste, impuissantes à les conduire plus loin. Pour introduire dans une matière aussi ardue des résultats d'une précision inespérée, il fallait un instrument nouveau, étranger à une partie des maîtres de la

---

(1) C'est ce que les socialistes allemands, et nommément Ferdinand Lassalle, appellent « la loi d'airain » du salaire.

science, je veux parler de la méthode mathématique.

Sans doute, il serait aussi périlleux qu'inefficace d'en user à la légère, surtout en économie politique; sans doute, il faut se garder de la déduction à outrance, dans une science où les termes ne rendent *pas toujours* avec précision les nuances infinies de la réalité, suivant une remarque de M. de Laveleye que nous dépouillons de sa forme trop absolue (2). Nous accordons même que, généralement, dans les sciences morales et politiques, les définitions servent plutôt à donner une idée des choses dont on parle qu'à les décrire avec une exactitude suffisante pour qu'on en tire des conséquences rigoureuses, et que c'est le propre des mathématiques d'y parvenir, à cause de la nature abstraite et absolue de leurs données. Il n'en est pas moins vrai que l'économie politique offre un certain nombre de questions susceptibles d'être soumises à l'analyse mathématique; bien plus, dont l'entier éclaircissement y est subordonné.

M. Blanqui aîné, dans son *Histoire de l'économie politique*, reproche à Ricardo d'avoir hérissé la science de formules algébriques, et de s'être placé trop souvent dans des hypothèses hasardées pour en tirer des conséquences inapplicables : « semblable à un mécanicien qui apprécierait l'action des machines, sans tenir compte du frottement et des matériaux dont elles sont construites ». J.-B.

---

(2) *Le socialisme en Allemagne.* M. de Laveleye dit : *jamais.*

Say voyait aussi avec regret que, « sous prétexte
d'étendre la science, on l'eût poussée dans le vide ».
Voilà des écueils que ne doit pas perdre de vue
celui qui tente d'appliquer la méthode mathématique à certains côtés des problèmes sociaux. Mais
nous ne croyons pas que Henri de Thünen, à qui
l'on doit la détermination du salaire idéal, se soit
écarté de la voie légitime et vraiment scientifique.
Disciple d'Adam Smith, il est très-scrupuleux en
fait de méthode, et ne se décide que quand la certitude lui apparaît.

« Si les données de l'observation, dit-il (1), sont
prises avec exactitude et précision, et si les conclusions finales, basées sur ces données, sont obte-
nues par voie de conséquences rigoureusement
déduites, cette méthode peut porter la certitude
mathématique dans une question où, à l'aide du
raisonnement seul, on n'arrive qu'à des résultats
contradictoires ».

Familier avec la haute analyse, il en sait les
périls et les avantages (2).

(1) *Le salaire naturel et son rapport avec le taux de l'intérêt.*

(2) « L'abstraction présente un danger à double face : 1º Nous
considérons comme désuni ce qui est lié par une action mutuelle
réciproque ; 2º Nous prenons pour base de nos recherches des
suppositions sur lesquelles nous ne sommes pas clairement ren-
seignés ; après quoi, nous considérons les résultats obtenus comme
généralement vrais, tandis qu'ils ne le sont que dans le seul cas
de ces suppositions.

» ..... Dans le calcul différentiel, lorsqu'on cherche le maximun
de la valeur d'une fonction qui contient plusieurs quantités variables, on considère, dans la différenciation, d'abord une des quantités comme variable, les autres étant supposées constantes ; ensuite,
après avoir introduit dans la fonction, à la place de cette quan-

Les indications qui vont suivre sur les travaux de Thünen, relativement au salaire et au capital, outre leur intérêt propre, permettront au lecteur de compléter les doctrines de Bastiat sur les mêmes sujets et d'en mieux apprécier la valeur.

Pour éliminer toute cause étrangère et troublante, Thünen s'est placé dans l'hypothèse de l'Etat isolé, entouré d'un désert propre à la culture. Il démontre que la détermination du salaire naturel dépend de la connaissance des lois qui régissent le taux de l'intérêt et son rapport avec le salaire.

Après avoir défini soigneusememement les éléments de la question, et justifié ses définitions, travail préparatoire qui exige une haute sagacité, il aborde *la formation du capital par le travail.*

Il établit cette proposition, qui renferme l'origine de l'intérêt et sa relation avec le capital :

Le salaire du travail est à la rente que ce travail procure, quand il est employé à produire le capital, dans le même rapport que le capital est à l'intérêt.

tité, sa valeur, que l'on trouve en égalant la différentielle à zéro, on soumet à la différenciation la seconde quantité variable, pour lui substituer à son tour sa valeur déduite, et ainsi de suite, jusqu'à ce que toutes les variables disparaissent de la fonction.

» ..... Par la méthode qui considère à la fois une seule puissance, en supposant les autres au repos ou constantes, on obtient un résultat non pas faux, mais incomplet, et qui ne reste tel que jusqu'à ce que toutes les autres puissances coagissantes aient été soumises à des recherches semblables ». (*Le salaire naturel*).

On retrouve ici, sous une forme mathématique, le principe de Bastiat. Thünen étudie ensuite l'influence de l'accroissement du capital sur le salaire, à la lumière de sa belle loi sur la décroissance du produit des derniers capitaux placés.

Il montre que *la rente procurée par la totalité du capital, lors de son prêt, est déterminée par l'utilité de la parcelle de capital ajoutée en dernier lieu.* Il en résulte une condition des plus favorables à l'ouvrier qui emploie le capital, car *la diminution de la rente par l'accroissement du capital est à l'avantage de l'ouvrier et élève le salaire de son travail.*

On arrive encore ici, par une autre voie, aux réfutations de Bastiat contre M. de Saint-Chamans et les réformateurs socialistes, qui maudissent le capital en ses formes nombreuses, outils, machines, etc.

Cherchant l'influence de l'accroissement du capital sur le taux de l'intérêt, Thünen enseigne *qu'avec l'accroissement du capital, le taux de l'intérêt baisse dans une proportion plus rapide que le revenu,* parce qu'en même temps le salaire monte, et que le revenu, divisé par le salaire, donne le taux de l'intérêt.

Nouvelle confirmation de nos principes économiques.

Thünen soumet à l'analyse, avec une égale pénétration et un égal succès, l'influence de l'accroissement du capital sur la grandeur de la rente obtenue par le travail qui produit le capital, et l'influence de la fertilité du sol et du climat sur l'élévation du salaire et du taux de l'intérêt,

Dans son beau chapitre sur la réduction du capital en travail, Thünen se place dans des circonstances où tout produit est l'œuvre commune du travail et du capital, et il détermine la part dévolue à chacune de ces puissances dans l'ensemble du produit. Il arrive à ce résultat décisif pour ses recherches que, lorsque le capital et le travail humain sont mesurés par la même unité de mesure, soit le travail moyen d'une année d'un homme, *le taux de l'intérêt est le facteur qui représente le rapport de l'efficacité du capital à celle du travail humain.*

Il est ainsi en état de réduire en travail la participation du capital dans la production d'une marchandise; ce qui lui permet d'exprimer entièrement en travail les frais de production d'un produit, en tant qu'aucune rente foncière n'y est contenue.

Le *travail antérieur et le travail actuel* de Bastiat sortent des généralités, et, sous l'étreinte de l'analyse, livrent le secret de leur relation.

Thünen, donnant pour base à ses calculs *la production du capital par le travail,* parvient enfin à une fonction qu'il différencie et qui lui donne la proposition capitale de son livre, la formule du salaire naturel.

Le salaire naturel est la moyenne proportionnelle entre les besoins de l'ouvrier et le produit de son travail, c'est-à-dire que le salaire doit dépasser les besoins dans la proportion où le produit dépasse le salaire (1).

---

(1) Voici la marche suivie par l'éminent économiste:

Supposons un certain nombre d'ouvriers réunis en société pour

Dans la suite de son livre, Thünen arrive à la même expression par trois autres voies : 1° En

établir, aux confins de la plaine cultivée de l'Etat isolé, une exploitation agricole de la grandeur des domaines déjà existants dans cet Etat.

Cette société ouvrière se partagera en deux divisions : l'une sera occupée au défrichement, aux bâtisses, à la confection des outils: l'autre restera, en attendant, au travail salarié, et emploiera l'excédant de son salaire, obtenu en sus des besoins de sa consommation, à fournir les moyens d'existence aux ouvriers travaillant à l'installation du domaine.

Dans ces conditions, il ne sera rien consommé du capital national antérieurement accumulé. La fondation de l'entreprise ne coûte ainsi que du travail.

La rente rapportée par le domaine revient donc uniquement aux ouvriers, dont le travail a produit le capital représenté par le domaine.

La société d'ouvriers producteurs du capital, après l'achèvement de l'établissement, emploiera des ouvriers salariés à l'exploitation du domaine. Le salaire de ces ouvriers doit au moins s'élever au taux auquel son excédant, livré à l'intérêt, rapportera une rente $y\,z$ (1) égale à celle des ouvriers producteurs du capital ; sans quoi les ouvriers salariés passeraient immédiatement à la production du capital.

On a ainsi une double liaison entre le travail et le capital : d'abord en ce que le capital est un produit immédiat du travail, et puis en ce que les ouvriers producteurs du capital prennent la position de capitalistes envers les ouvriers salariés.

C'est ici, dans les plus simples conditions, où aucune rente foncière ne vient, comme troisième puissance, troubler le phénomène, que doit se dévoiler la relation entre le salaire et le taux de l'intérêt.

Le salaire qui donnera à l'ouvrier le maximum de rente doit être le but de ses efforts, et, dans l'hypothèse, rien ne s'opposant à cette tendance, ce salaire sera réalisé.

Posons les conditions suivantes :

1° L'exploitation du domaine exige le travail continu de n familles de journaliers.

2° Les travaux d'installation du domaine ont absorbé une année de travail de $n\,q$ hommes ($n\,q$ familles ouvrières).

Chacun des n journaliers, employés à l'exploitation courante du

(1) y est l'excédant du salaire, et z le taux de l'intérêt.

considérant le capital comme remplaçant le travail; 2° en déterminant le taux de l'intérêt par

domaine, travaille ainsi avec un capital dû à q A. de T. (d'une famille ouvrière). L'ouvrier muni de q A. de T. fournit un produit annuel p (hectolitres de seigle). L'ensemble du produit des n ouvriers salariés est donc $n\,p$.

Les moyens d'existence nécessaires à l'ouvrier pour la conservation de ses forces exigent annuellement une quantité a d'hectolitres de seigle, ou son équivalent.

Les $n\,q$ ouvriers, en travaillant une année à l'établissement du domaine, ont consommé $a\,n\,q$ (hectolitres de seigle).

Dans la division des ouvriers associés occupée à produire les subsistances, chaque ouvrier obtient de son salaire, après en avoir retranché ce qui est nécessaire à sa propre consommation, un excédant de y hectolitres de seigle, ou son équivalent.

La production des $a\,n\,q$ hectolitres consommés par les ouvriers installateurs a exigé, d'après ce qui précède, une année de travail de $\dfrac{a\,n\,q}{y}$ ouvriers fournisseurs.

Le nombre de familles ouvrières dont le travail en commun a créé le bien-fonds est donc

$$n q + \frac{a n q}{y} = n q \left(\frac{a + y}{y} \right)$$

Les n journaliers qui travaillent dans le domaine obtiennent chacun $a + y$ (hectolitres de seigle) en salaire. La somme des dépenses pour salaire est donc de $n(a+y)$.

En retranchant cette dépense de la somme np du produit, il restera une rente du domaine de $np - n(a+y)$.

Cette rente perpétuelle est la propriété des $n q \left(\dfrac{a+y}{y} \right)$ ouvriers producteurs du capital.

Une année de travail de chacun de ces ouvriers sera, par conséquent, rémunérée par une rente de

$$\frac{np - n(a+y)}{n q \left(\frac{a+y}{y} \right)} = \frac{[p - (a+y)]\, y}{q\,(a+y)} \quad \text{(A)}.$$

Le taux de l'intérêt, que Thünen a représenté par z dans les

l'utilité de la parcelle de capital ajoutée, en dernier lieu ; et 3º en prenant pour la mesure du salaire le surcroît du produit dû à l'ouvrier dernièrement placé.

Etudiant l'influence de la fertilité de la terre sur le salaire et le taux de l'intérêt, Thünen démontre que *les ouvriers et les capitalistes ont le même intérêt dans la hausse de la production*. C'est la loi harmonique de Bastiat (1), loi qui im-

formules précédentes, ne se trouve point dans cette expression du revenu, et l'excédant y y est la seule quantité indéterminée.

On remarquera aussi que n est éliminé. Il n'y a donc plus à considérer que ce qui concerne *un seul* ouvrier.

Pour quelle valeur de y la fonction (A) donne-t-elle un maximum de rente ?

Le calcul différentiel donne le moyen, non-seulement de résoudre la question avec une exactitude rigoureuse, mais encore de trouver, pour le salaire cherché, une expression valable pour toutes les circonstances numériques et représentant ainsi la loi même.

On trouvera la valeur de y, à laquelle correspond le maximum de la fonction (A), en différenciant cette fonction par rapport à y, et en égalant la différentielle à zéro.

$$d \left(\frac{p\,y - a\,y - y^2}{q\,(a + y)} \right) = 0 \qquad \text{donne :}$$
$$q\,(a + y)\,(p - a - 2\,y)\,dy - (p\,y - a\,y - y^2)\,q\,dy = 0 ;$$
$$\text{donc } (a + y)\,(p - a - 2\,y) = p\,y - a - y^2 ;$$
$$\text{d'où} \qquad a + y = \sqrt{a\,p}.$$

Ce salaire, qui n'est pas le résultat du rapport entre l'offre et la demande, et qui n'est pas réglé par le besoin des ouvriers, mais fixé librement par eux-mêmes, comme leur étant le plus profitable, est *le salaire naturel*.

Ainsi, on trouvera le salaire naturel, idéal, en multipliant les besoins indispensables de l'ouvrier, évalués en grain ou en monnaie, par le produit de son travail exprimé dans la même unité de mesure, et en extrayant du résultat la racine carrée.

(1) Thünen et Bastiat sont demeurés complétement inconnus l'un à l'autre, quoique contemporains. La différence des méthodes

plique le libre-échange à la fois comme condition d'existence et comme conséquence nécessaire, car une production sans débouchés est une cause de crises. Ainsi, quand le salaire sera égal à $\sqrt{ap}$ ou approché de cette relation, l'ouvrier se trouvera non-seulement à l'abri de la nécessité et des privations, mais dans l'aisance. Aux Etats-Unis, des terrains fertiles peuvent être occupés gratuitement en quantités incommensurables : Thünen constate que là, comme dans son Etat isolé, la distance seule du marché peut poser des limites à l'extension de la culture. Ces limites sont d'ailleurs de plus en plus reculées par l'établissement des canaux et des chemins de fer. L'ouvrier peut ainsi se soustraire au bas salaire offert par le patron en défrichant le Far-West.

« Là donc le salaire $\sqrt{ap}$ peut parvenir à sa réalisation, et il y est parvenu en effet ; car nous trouvons, en Amérique, entre le salaire et le taux de l'intérêt, le même rapport que celui que nous avons déduit de nos formules pour un sol fertile. En conséquence de cette relation entre les ouvriers et les capitalistes, nous trouvons, dans l'Amérique du Nord, un bien-être général qui s'accroît à pas de géant ».

Il n'est pas un esprit qui ne soit frappé de cet enchaînement de vérités mathématiques, de leur concordance avec les principes de Bastiat et de leur confirmation par les faits dans

qu'ils ont suivies et l'ignorance réciproque où ils furent de leurs travaux donnent une grande signification à l'identité de la plupart de leurs conclusions.

les pays neufs. Mais nous ne devons pas perdre de vue que, dans notre vieux monde, où le surcroît de population a introduit la Rente foncière, le salaire naturel de Thünen ne peut jamais être qu'un critère idéal, dont il faut s'efforcer de se rapprocher.

Revenons à Bastiat. Sa lutte contre les réformateurs modernes a porté ses fruits ; l'attention a été appelée de ce côté, et bien des points de la science ont été développés depuis lors pour le plus grand dommage des théories communistes et socialistes. Nous citerons comme exemple une vue ingénieuse à laquelle le maître aurait applaudi.

Il s'agit de montrer les conséquences du partage révolutionnaire de la richesse. Le duc d'Ayen (*Un essai de syllogisme économique : le capital, le salaire, le revenu*), abordant cette question, toujours plus ou moins à l'ordre du jour, de la liquidation sociale, établit que l'actif des nations se divise en richesse positive, comme les produits, et relative, comme la circulation ; c'est-à-dire que les produits réels forment la partie substantielle et seule divisible de la richesse utile, dont la circulation ne fait que multiplier les effets sans pouvoir être saisie ni partagée.

« Quel est, dit-il, annuellement le revenu réel ou la somme des produits échangeables de la France ? Le pays donne environ 3 milliards 1{1[2} de produits agricoles, et 3 milliards passés de produits industriels, en tout 7 milliards (1872). Dans une liquidation sociale, quelque radicale qu'elle soit, chacun n'aura donc que son trente-huit millionnième des 7 milliards, c'est-à-dire

184 fr. pour l'année entière, ou environ 50 centimes par jour. La circulation multiplie sans doute ces 7 milliards, de façon que l'ensemble de la richesse positive et relative peut s'élever à un revenu d'une quinzaine de milliards. Mais cet énorme capital, dont nous vivons tous, est une richesse en partie fictive et conventionnelle, en tous cas insaisissable, fluide, et qui s'évanouit dès qu'on veut la violenter et en faire le partage, non sans entraîner dans sa ruine la plus grande partie des produits dont elle est la source. Provoquer une révolution sociale et un bouleversement universel pour 50 centimes par tête et par jour, cela demande quelque réflexion. Quel est l'ouvrier dont le salaire moyen, sous l'influence de nos lois économiques actuelles, n'est pas de beaucoup supérieur à cette somme dérisoire? Comment se fait-il que presque tous aujourd'hui nous touchions en salaires, revenus et profits plus que notre part moyenne théorique? C'est que cette part moyenne ne pourrait s'établir que sur la richesse positive et limitée des produits réels, tandis que, dans l'état de liberté économique, les salaires, revenus et profits, se prélèvent en grande partie sur la richesse relative de circulation, richesse changeante, aléatoire, fluide, qu'il est impossible de régler, de saisir ou de diviser ». (1)

____

(1) Dans *l'Homme aux quarante écus,* boutade contre les physiocrates qui n'est pas exempt d'erreurs économiques, Voltaire avait fait un calcul analogue à celui du duc d'Ayen. Il établissait que le

Cette démonstration de l'inefficacité d'une liquidation sociale à l'égard de ceux-là mêmes qui la feraient est un utile complément des arguments de Bastiat, et fait voir de quelles illusions vivent les adeptes du socialisme, et combien sont coupables ou égarés les publicistes qui excitent les ouvriers contre les classes aisées, pour leur faire revendiquer ce que Bastiat nomme justement *l'égalité dans la misère.*

Si on ne peut séparer la question du salaire de celle du capital, on ne peut pas davantage la séparer de celle de la population. Le mouvement de la population, en effet, a une influence directe sur la concurrence que se font entre eux les ouvriers, et, par conséquent, sur leur salaire. Après avoir examiné, dans la formation du taux du salaire, le rôle et la responsabilité du capitaliste, nous devons examiner le rôle et la responsabilité de l'ouvrier. La population, comme la rente foncière, divise encore les économistes. Nous ne désespérons pas pourtant, en y appliquant, comme nous l'avons fait pour la rente, une sorte d'éclectisme, en montrant que des observations, vraies dans des circonstances données, ont été l'objet de généralisations excessives, de théories tranchées s'excluant réciproquement, de faire disparaître des contradictions fâcheuses pour l'économie politique, et d'y ramener plus d'homogénéité.

« Si un homme est mal à son aise, dit Montes-

revenu moyen de chaque habitant du royaume était de 120 livres ou quarante écus. A cette époque, on ne connaissait pas encore le socialisme.

quieu, et qu'il sente qu'il fera des enfants plus pauvres que lui, il ne se mariera pas ; ou, s'il se marie, il craindra d'avoir un trop grand nombre d'enfants, qui pourraient achever de déranger sa fortune, et qui descendraient de la condition de leur père.

» J'avoue que le rustique ou paysan, étant une fois marié, peuplera indifféremment, soit qu'il soit riche, soit qu'il soit pauvre ; cette considération ne le touche pas : il a toujours un héritage sûr à laisser à ses enfants, qui est son hoyau ; et rien ne l'empêche de suivre aveuglement l'instinct de la nature.

» Mais à quoi sert dans un Etat ce nombre d'enfants qui languissent dans la misère? Ils périssent presque tous à mesure qu'ils naissent ; ils ne prospèrent jamais : faibles et débiles, ils meurent en détail de mille manières, tandis qu'ils sont emportés en gros par les fréquentes maladies populaires que la misère et la mauvaise nourriture produisent toujours : ceux qui en échappent atteignent l'âge viril sans en avoir la force, et languissent tout le reste de leur vie ». (*Lettres persanes,* cxxii).

Thünen, de son côté, s'exprime ainsi sur cette grave question :

« Dans la classe ouvrière, par suite de mariages précoces, l'accroissement de la population est si rapide, que l'offre des bras est presque toujours plus forte que la demande d'ouvriers. Par là, le salaire descend si bas, qu'il ne suffit précisément qu'à satisfaire les besoins les plus indispensables à la vie. Il est même malheureusement vrai qu'un plus grand accroissement devrait s'arrêter à la seule vue de la misère qui règne déjà dans une partie de cette classe.

» Ainsi les ouvriers sont eux-mêmes la cause du peu de paiement qu'ils obtiennent pour leur travail.

» Les personnes des hautes et moyennes classes, tout en possédant un capital de quelques milliers de francs ou un revenu de plusieurs centaines, ne se marient pas cependant avant que leur revenu n'augmente assez pour suffire à l'entretien d'une famille et à l'éducation des enfants. Cela n'a pas lieu ordinairement avant l'âge de trente ans. Elles se seraient mariées bien plus tôt, si elles avaient voulu vivre et élever leurs enfants comme le font les ouvriers. Elles sacrifient pour un certain temps le bonheur que le mariage peut leur procurer, ce qui n'est d'ailleurs pas toujours le cas, parce qu'à leurs yeux, la pauvreté et la mauvaise éducation des enfants sont des maux si grands, qu'ils ne peuvent être compensés par le bonheur conjugal (*Salaire naturel*) ».

Voltaire avait dit :

« Le terrain de la France est assez bon, et il est suffisamment couvert de consommateurs, puisqu'en tout genre il y a plus de postulants que de places ; puisqu'il y a deux cent mille fainéants qui gueusent d'un bout du pays à l'autre, et qui soutiennent leur détestable vie aux dépens des riches ; enfin, puisque la France nourrit près de quatre-vingt mille moines, dont aucun n'a fait servir ses mains à produire un épi de froment (*Dictionn. philosoph.*) ».

Tout cela rappelle beaucoup les vues et les conseils de Malthus. C'est autour du nom de Malthus, on le sait, qu'a lieu, depuis la fin du siècle dernier, le débat sur la population, comme c'est autour du nom de Ricardo qu'on discute sur la rente.

Malthus a des partisans et des détracteurs également convaincus. Parmi ces derniers, Carey est un de ceux qui ont le plus rudement secoué l'autorité de l'économiste anglais. Dans ses *Principes de la science sociale*, il traite d'hypothèse sans portée la formule malthusienne, que *la population tend à croître plus rapidement que les subsistances.*

« La tendance à la multiplication d'une espèce, dit-il, est d'autant plus marquée que son organisation est plus infime, et d'autant plus faible que son rang dans l'échelle de l'être est plus élevé. C'est une loi biologique ».

Sans doute, mais cette loi biologique infirme-t-elle la formule de Malthus ? De ce que l'espèce humaine, comme étant la plus élevée, se reproduit avec moins de rapidité que les autres espèces animales, on n'est pas obligé de conclure que sa puissance de reproduction ne tend pas à dépasser ses moyens de subsistance. La nature a voulu assurer la perpétuité des espèces. Elle a employé pour cela des moyens dont l'énergie est supérieure à tous les obstacles, et il est évident que son but serait manqué, si la puissance virtuelle de propagation ne tendait pas constamment à dépasser les possibilités de peuplement qu'offre la réalité. Les diverses espèces participent plus ou moins à cette tendance, selon leur degré d'élévation, mais toutes y participent.

Carey ajoute qu'un homme qui naît n'est pas seulement un estomac de plus, c'est une force et une intelligence ; et croire qu'à notre époque cette force et cette intelligence, combinée avec celles qui l'entourent, n'est pas en état de produire infiniment plus que sa subsistance, c'est presque nier la société et le progrès.

C'est juste encore ; mais nous avons vu, en France et en Europe, tant de belles intelligences mourir à l'hôpital, que, sans nier la société et le progrès, nous ne pouvons accueillir qu'avec réserve la thèse de l'économiste américain, thèse mieux à sa place dans le nouveau monde que dans l'ancien.

Carey n'admet pas une loi fixe de progression quelconque, et il enseigne qu'il y a, dans la loi de reproduction, un coefficient d'équilibre inconnu qui s'adapte aux besoins du milieu, *indépendamment de la volonté humaine*. Il invoque en preuve ce fait d'observation que après des guerres meurtrières qui ont décimé la population mâle, les naissances rétablissent en très peu d'années la proportion normale des deux sexes.

« Ce n'est jamais la terre qui manque à l'homme, mais l'homme qui manque à la terre. Le vice et la misère ne sont pas, comme l'écrit Malthus, les résultats et les correctifs de l'avance que prend la population sur les subsistances; ils sont, au contraire, la cause directe et permanente qui empêche de se développer la subsistance et la population à la fois. Le « *moral restraint* » (contrainte morale) de Malthus ne corrige et ne peut rien corriger; car, indépendamment de toute moralité, l'obstacle préventif se manifeste surtout dans les pays les plus misérables. Partout, c'est la dissémination de la population, sa faiblesse numérique qui, empêchant toute industrie, arrêtent l'essor de la production sur des sols qui ne demandent qu'à livrer leurs richesses. Partout où la civilisation marche, on voit la population s'accroître, et en même temps se produire une abondance plus grande de toute chose (quel que soit d'ailleurs le degré absolu de fertilité naturelle du sol). Partout, au contraire, où la civilisation décline, la population et la richesse vont en diminuant, et la richesse plus vite encore que la population. La difficulté de vivre n'est pas dans l'impuissance de la terre à alimenter l'homme, mais dans l'inaptitude et la négligence de l'homme à se mettre en rapport avec elle ».

On ne saurait méconnaître la part de vérité que contiennent ces réflexions. Carey saisit le grand côté du problème de la population, comme Basti le fera plus tard. Il envisage le nombre des hommes comme la condition première du développement d'une civilisation; il est frappé par l'éclatant exemple des pays vierges qu'il a sous les yeux, et, dans ces conditions, il ne se trompe pas. Mais quand l'enfant a cessé de grandir, quand une civilisation a dépassé la période de la jeunesse et en est à la maturité, quand toute place est prise, que l'encombrement menace et que l'émigration s'impose comme un remède souvent amer, les choses changent; et ce qui était un bien peut cesser de l'être. Carey n'a pas songé à tout, et la première moitié de la question lui cache l'autre.

Mais voici M. de Fontenay qui fait, lui aussi, son procès à Malthus.

Ecoutons-le encore. Il s'en prend spécialement à la forme mathématique des deux fameuses formules :

L'accroissement de la population tend à se réaliser suivant une progression géométrique. (1, 2, 4, 8, 16, 32, etc.)

Celui des subsistances suit une progression arithmétique. (1, 2, 3, 4, etc.)

« Les deux formules de Malthus, dit-il *(Journal des Economistes*, 1863), relatives à la production alimentaire et à la multiplication de la population, sont radicalement fausses.

» L'homme a devant lui, pour produire l'aliment, des moyens et des espaces indéfinis; il produit toujours plus en quantité sur la même surface (c'est le point de vue de Carey aggravé par la méconnaissance de la loi de Thünen sur la diminution du produit du dernier capital employé) ; il produit cette quantité dans un temps plus court. L'homme a plus de temps à consacrer à la culture, des surfaces libres plus grandes pour cultiver l'aliment même ; il tend à une alimentation qui exige des surfaces moindres ; et enfin, à mesure que toutes ces facilités pour obtenir l'aliment en très-grande abondance lui arrivent à la fois, il a de moins en moins besoin d'une alimentation abondante et substantielle (ceci paraît un peu fantaisiste). Il est plus que difficile de résumer en une progression arithmétique six ou sept causes différentes d'accroissement qui se multiplient les unes par les autres.

» Si l'on considère la progression du nombre des hommes, ce que la progression alimentaire doit suivre, ce n'est pas la *virtualité physiologique* de multiplication de l'espèce, c'est la *multiplication réelle*, telle qu'elle résulte du concours de toutes les causes retardatrices autres que l'aliment — le climat, les maladies, les mœurs, les lois, etc. Ces causes retardatrices et négatives sont essentiellement variables d'une époque à une autre, d'un pays à un autre, d'une race à une autre. Le mouvement de la population sera déterminé seulement par la résultante de la puissance physiologique de procréation de l'espèce et de l'ensemble des causes retardatrices. Ces données complexes peuvent-elles aboutir à une progression, ou même à une série continue quelconque? L'expression algébrique de toutes ces conditions peut-elle se résumer en une constante, par laquelle, de période en période identique, on aurait à multiplier la population? Non, évidemment, puisque tous les coefficients de la formule sont variables, y compris la virtualité procréatrice ».

Nous accordons sans hésiter à M. de Fontenay que les lois de la population sont à l'étroit dans les formules de Malthus, qui ne sauraient les représenter exactement. Mais cette simple question de forme (à laquelle, sans doute, l'illustre auteur du *Principe de population* n'attachait d'autre importance que celle d'un moyen de préciser et de simplifier sa pensée) écartée, son principe de la tendance à multiplier plus que les subsistances demeure intact, et l'observation n'a fait que le confirmer.

Nous ne voulons pas faire incidemment une étude sur Malthus. Nous nous bornerons à recommander la lecture de son livre, qui est digne de Montesquieu comme concision et valeur philosophique. On y trouvera sans doute des exagérations, conséquence d'une logique poussée à l'extrême. Elles ont été relevées par Godwin et beaucoup d'économistes. Mais on y trouvera aussi les conseils de la prudence. Quoi qu'on en ait dit, c'est un ami de l'humanité qui parle et qui lui signale les plus terribles écueils de son progrès.

Bastiat a eu sur la population des vues où la sagesse est mêlée à un optimisme général, caractère de son esprit. Voici comment il apprécie les idées de Malthus, dans le chapitre XVI de ses *Harmonies :*

« Chaque question a deux faces, et Malthus a tenu ses regards trop exclusivement tournés vers le côté sombre. Mais il attachait avec raison le plus haut prix à l'exercice de la prévoyance. Il disait : Si vous multipliez inconsidérément, vous ne pourrez vous soustraire au châtiment sous une forme quelconque et toujours hideuse : la famine, la guerre, la peste, etc. L'abnégation des riches, la charité, la justice des lois économiques ne seraient que des remèdes inefficaces.

« Si, à mesure que la richesse s'accroît, le nombre des hommes entre lesquels elle se partage s'accroît aussi et plus rapidement, la richesse absolue peut être plus grande et la richesse individuelle moindre.

« Si, de plus, il y a un genre de service que tout le monde puisse rendre, comme ceux qui n'exigent qu'un effort musculaire, et si c'est précisément la classe à qui est dévolue cette fonction, la moins rétribuée de toutes, qui multiplie avec le plus de rapidité, le travail se fera à lui-même une concurrence fatale. Il y aura une dernière couche sociale qui ne profitera jamais du progrès, si elle s'étend plus vite qu'il ne peut se répandre.

» On voit de quelle importance est le principe de la population, que Malthus a formulé en ces termes :

» *La population tend à se mettre au niveau des moyens de subsistance.*

» Jamais Malthus n'a posé cette inepte prémisse : « Les hommes multiplient, *en fait*, suivant une progression quelconque ». Il dit au contraire que *le fait* ne se manifeste pas, puisqu'il cherche quels sont les obstacles qui s'y opposent, et il ne donne cette progression que comme formule de la puissance physiologique de multiplication.

» Il a fixé la période du doublement physiologique à vingt-cinq ans, parce que l'observation directe la lui avait révélée chez le peuple qui s'en rapproche le plus — le peuple américain.

» Une fois cette période trouvée, et comme il s'agit toujours de la puissance *virtuelle* de propagation, il a dit que la population *tendait* à augmenter dans une progression géométrique. On le nie. Mais en vérité, c'est nier l'évidence.

» Malthus assigne deux obstacles généraux à la

multiplication indéfinie des hommes : il les appelle *l'obstacle préventif* et *l'obstacle répressif.*

» La population, ne pouvant être contenue au-dessous de sa tendance physiologique que par défaut de naissances ou accroissement de décès, il n'est pas douteux que la nomenclature de Malthus ne soit complète.

» En outre, quand les conditions de l'espace et de l'aliment sont telles que la population ne peut dépasser un certain chiffre, l'obstacle destructif a d'autant plus d'action que l'obstacle préventif en a moins.

» Il n'est pas moins évident, *a priori*, que, dans cette situation, l'abstention volontaire est préférable à la répression forcée ».

Approfondissant *la loi de limitation* contenue dans la théorie de Malthus, Bastiat constate que, pour les végétaux et les animaux, la force limitative de la propagation ne paraît se montrer que sous une forme, la destruction. Pour l'homme, où se rencontrent la matière et l'intelligence, la loi se manifeste par la double action de la prévoyance et de la destruction. La répression ou la prévention agissent plus ou moins, selon que l'homme s'abrutit ou se spiritualise.

Bastiat élargit le domaine de la prévoyance, que l'expression de *contrainte morale* exprime incomplétement. « Les obstacles que l'intelligente société humaine oppose à la multiplication *possible* des hommes prennent bien d'autres formes que celle de la contrainte morale, définie comme « la vertu qui consiste à ne point se marier, et toutefois à vivre dans la chasteté ». Qu'est-ce que

la pudeur qui succède à l'ignorance, arme mysté-
rieuse de la jeune fille, qui enchante et intimide
l'amant, et prolonge en l'embellissant la saison
des innocentes amours? Qu'est-ce que cette puissance de l'opinion, qui impose des lois si sévères
aux relations des personnes de sexe différent?
C'est l'action de la loi de limitation manifestée
dans l'ordre intelligent, moral, préventif, et, par
conséquent, exclusivement humain. L'humanité
n'a pas été traitée par le Créateur comme l'ani-
malité brute, et il est en sa puissance de transformer la limitation répressive en limitation préventive ».

Bastiat montre que l'action de la prévoyance se
présente aux hommes non pas uniquement comme
un effort de chasteté, un acte d'abnégation, mais
encore et surtout comme une condition de bien-
être, un mouvement instinctif qui les préserve de
déchoir, eux et leur famille. A l'expression incomplète de *moyens de subsistance* il substitue, avec
J.-B. Say, l'expression plus correcte de *moyens
d'existence*, et dit : « La population tend à se
mettre au niveau des moyens d'existence. A chaque pas de l'homme dans la civilisation, ses besoins embrassent un cercle plus étendu, et l'habitude les rend à leur tour aussi naturels que le
besoin d'apaiser sa faim ou de se garantir du
froid. Les efforts de l'homme, en vertu de sa perfectibilité, tendent à le maintenir au rang qu'il a
conquis et à l'élever encore; l'habitude, de son côté, mettant obstacle à tout pas rétrograde, il est
tout simple que l'action intelligente et morale
qu'il exerce sur sa propre multiplication s'inspire

de ces efforts et se combine avec ces habitudes.

»Malthus ne s'est pas borné à cette formule : « La population tend à se mettre au niveau des moyens de subsistance». Il a été fort au-delà, et sa véritable formule, celle dont il a tiré des conclusions si affligeantes, est celle-ci : « La population tend *à dépasser* les moyens de subsistance». Cela est vrai de toutes les espèces animées, excepté de l'homme. Ce qui précède l'a montré. Le progrès implique un usage de plus en plus éclairé de la limitation préventive : donc les moyens d'existence s'accroissent plus vite que la population. Non-seulement ce résultat dérive du principe de perfectibilité, mais encore il est confirmé par le fait, puisque partout le cercle des satisfactions s'est étendu ».

Plus tard, on trouva dans les papiers de Bastiat des notes où il se montrait beaucoup plus anti-malthusien que dans ses *Harmonies*. Mais nous n'avons à le juger que d'après l'ensemble de ses idées, et, de tout ce que nous venons de rapporter, il résulte bien clairement que Bastiat, tout en voyant dans le développement de la population le développement de forces vives, utiles au progrès, ne méconnaissait pas la nécessité de la prévoyance. Ce qu'il a écrit sur cette question est empreint de son originalité, de son idéalisme, de sa raison, et, par-dessus tout, de son amour du bien.

« La société ne doit pas plus être un couvent qu'une garenne », a dit M. Blanqui : c'est la conclusion de tous les esprits sincères et éclairés ;

c'est celle de Bastiat, qui s'inquiétait toujours du bien-être et de la dignité de l'homme (1).

Le lecteur voit où se trouve le point de conciliation philosophique des deux doctrines qui ont cours actuellement sur la population. Malthus a sous les yeux la misère des basses classes anglaises : de là son « *moral restraint* » ; M. Carey voit le fertile Far-West manquer d'hommes : de là son appel à toutes les forces de peuplement. Ils ont raison, chacun dans son milieu. Malthus n'a pas songé à l'Amérique, ni M. Carey à l'Europe. On a traité la population comme on avait traité la rente foncière, en posant comme lois générales des faits vrais seulement dans des circonstances déterminées. Il n'en est pas moins certain que l'avenir appartient au principe de prévoyance de Malthus

---

(1) Nous croyons devoir compléter ces notions par la théorie de M. Courcelle-Seneuil, sur le chiffre nécessaire de la population (*Traité d'économie politique*) :

« Dans toute société, quelle qu'elle soit, la quantité de ressources (tous produits échangeables) créées est la résultante nécessaire de son état économique : exprimons cette quantité par 1000.

« Il y a pour chaque individu un minimum de consommation au-dessous duquel il ne pourrait descendre sans que son existence fût compromise : représentons ce minimum par 10. Il est évident que, dans une société ainsi constituée, le chiffre de la population ne dépassera pas 100. Mais, dans toutes les sociétés connues, le partage des objets consommables est très-inégal entre les parties prenantes. Admettons que 20 consommateurs absorbent le double du minimum, soit une quantité égale à 400 : l'excédant (= 600) ne pourra faire subsister plus de 60 individus. Le chiffre de la population tombera donc forcément à 80. Supposons encore qu'on détruise en consommations inutiles des ressources égales à 100 : le chiffre de la population tombera à 70, car 10 existences deviendront encore impossibles. Cette déduction est d'une

comme à l'analyse de Ricardo. Ils acquerront de siècle en siècle une portée croissante. Ils s'appliquent déjà à l'ordre des faits européens, et cet ordre de faits s'étendra avec le peuplement du globe. Il viendra un moment où il n'y aura plus de terres libres et où le rendement s'approchera partout du maximum. Alors la rente foncière se manifestera partout aussi complétement qu'en Europe, alors l'exercice de la limitation préventive sera nécessaire, pour éviter à des populations centuplées les rigueurs de la limitation destructive. Alors enfin Malthus sera mieux traité par les économistes américains.

Montesquieu se rendait un compte exact de la question, quand il écrivait :

« Les peuples naissants se multiplient et crois-

---

telle évidence qu'elle ne comporte aucune contradiction. M. Courcelle-Seneuil l'exprime dans cette formule : «Le chiffre nécessaire » de la population est égal à la somme des revenus de la société, » diminué de la somme des inégalités de consommation, et divisé » par le minimum de consommation ».

On voit, par cet exemple, que certaines formules de l'économie politique peuvent très-légitimement prendre une forme mathématique, malgré les interdictions des positivistes parlant au nom de la méthode.

De tout ce qui précède sur la population, il résulte que le salaire ne peut se rapprocher de son expression normale $\sqrt{a\,p}$ que dans deux cas :

1° Celui où, quelle que soit la rapidité du peuplement, l'abondance des terres libres et fertiles est supérieure encore et permet de faire largement face à tous les besoins ;

2° Celui où les terres étant toutes appropriées et le maximum de rendement atteint, la marche de la population est contenue par la prévoyance individuelle ou l'émigration, de manière à ce que subsiste son rapport harmonique avec les moyens d'existence.

sent beaucoup. Ce serait chez eux une grande incommodité de vivre dans le célibat : ce n'en est point une d'avoir beaucoup d'enfants. Le contraire arrive, lorsque la nation est déjà formée. (*Esprit des lois*, XXIII, 10) ».

Les adversaires de l'économie politique font ressortir les divergences de doctrine qui la partagent, et s'en prévalent contre elle. Mais, dans cette question particulière, ne voit-on pas que la science a pour objet des conditions actuellement variées, et qui offrent toutes les différences des civilisations naissantes, des colonisations inachevées aux civilisations déjà vieilles et aux peuplements complets? Doit-on s'étonner que des conditions diverses donnent lieu à des formules diverses? Et si quelques économistes ont cédé trop tôt à la tentation de la synthèse; si leurs théories, par cela même, ont semblé se contredire, n'est-ce point par la plus étrange confusion entre la science et les savants que l'économie politique en est rendue responsable?

CHAPITRE V.

Le Libre-Echange.

Ceux qui ne sont pas de leur temps, ceux qui repoussent les idées nouvelles, bien qu'elles soient conformes à la saine raison, par cela seul qu'elles heurtent des habitudes d'esprit invétérées, ceux-là ne connaîtront jamais l'harmonie supérieure des faits et de leurs lois. Ils se préparent des amertumes et des déceptions sans cesse renouvelées ; car la grande loi humaine, qui est le progrès, se réalise fatalement, sans eux et malgré eux. Leur perception des choses est troublée de plus en plus par une incompatibilité croissante entre leur tradition et la vérité qui les entoure. Cette vérité les submerge, alors qu'ils pourraient être portés par elle. Ils usent leur existence à la maudire, à la méconnaître, et la mort termine ce long anathème, avant que ces victimes d'un aveuglement assez commun aient compris le mot de l'énigme. Leur sort moral et intellectuel n'est point enviable.

Mais ceux qui devancent leur temps sont exposés à des épreuves qui, pour être plus glorieuses, sont peut-être aussi plus cruelles. Concevoir le vrai, se trouver seul ou réduit à quelques amis dans la foule humaine, rencontrer ses pires ennemis dans ceux qu'on voudrait éclairer et rendre plus heureux, donner ses forces et sa vie pour une idée, puis disparaître avant de l'avoir vue porter ses premiers fruits, telle est la destinée ordinaire des initiateurs. Bastiat n'y a point échappé.

Son but suprême a été le libre-échange. Il a lutté héroïquement, mais il est mort avant le triomphe.

La liberté d'échanger est le principe le plus considérable de l'économie politique : elle en est aussi le couronnement. Elle implique toutes les autres libertés et les réalise comme des conséquences nécessaires, Elle a sa source, au point de vue de l'éthique, dans le plus indiscutable attribut de la personnalité humaine : la possession, la propriété de ses facultés physiques et morales. Si l'homme est le maître de ses organes et de ses puissances virtuelles, il est aussi le maître du résultat de ces puissances ou des fruits de son travail. Il n'y a pas de propriété sans le droit d'user à sa volonté. L'homme peut donc, non-seulement consommer les produits de son travail, mais encore les échanger. Toute atteinte à cette liberté est une violation du droit naturel et individuel. Mais le principe du libre-échange ne découle pas seulement de ces considérations théoriques, il tire encore sa force et son plus grand élément de succès de sa conformité avec l'utilité générale. Cette double base n'était pas superflue, pour qu'il réussît à dominer le déchaînement et la coalition de quelques intérêts particuliers. Aussi Bastiat n'a-t-il cessé de le défendre, aux deux points de vue du juste et de l'utile.

Si, dans certaines questions spéciales du vaste champ de l'économie politique, Bastiat a pu être incomplet, il est ici sans rival. Il n'est plus gêné par le défaut de concordance des principes de justice et d'utilité générale, il n'a plus à faire la moindre violence aux faits pour les concilier dans sa synthèse d'harmonie. Ces deux principes marchent côte à côte et se fortifient l'un l'autre.

L'enchaînement des raisonnements, l'observation scientifique, l'épigramme, l'apologue, tout converge par une pente naturelle, tout s'accumule, dans les écrits de Bastiat, en une masse redoutable contre le privilége et la spoliation. Les masques sont arrachés, les théories impitoyablement scrutées. Rien ne résiste à cet œil pénétrant qu'anime la passion de la vérité.

Nous avons dit plus haut que son premier article sur ces questions parut à l'occasion de l'agitation anglaise pour la liberté du commerce des grains. L'Angleterre, cette vieille forteresse du protectionnisme, était alors soulevée d'un bout à l'autre par la voix de Richard Cobden, de Bright et des autres grands agitateurs qui avaient constitué la Ligue contre les lois céréales. Ce mouvement n'avait aucun écho en Europe. En France, notamment, les esprits étaient étrangers à l'économie politique. C'était vers 1845. Les questions de gouvernement et les utopies des réformateurs socialistes se disputaient toute l'attention du public. Un très-petit nombre de partisans de la liberté commerciale suivaient seuls, partagés entre l'anxiété et l'espérance, les efforts de Cobden. Le premier, Bastiat voulut en faire part à son pays. Il retraça l'histoire de la Ligue et traduisit les principaux discours des ligueurs dans le livre qui lui ouvrit les portes de l'Institut : *Cobden et la Ligue.* L'année suivante, en 1846, Alcide Fonteyraud donnait deux articles d'un vif intérêt sur les travaux des ligueurs ; et enfin Léon Faucher, dans ses belles *Études sur l'Angleterre,* montrait à son tour ce qu'était le mouvement contre les lois céréales et ce qu'il recélait pour l'avenir. Le livre de Bastiat était d'une justesse et d'une séduction qui révélaient un économiste de race. Mais, pour si remarquable qu'il fût, encore lui eût-il fallu des lecteurs. Or, notre pays, fait caractéristique de notre tempérament politique, ne lisait alors que ce que ses journaux voulaient bien qu'il lût. En 1845, les officines de la presse, ministérielle ou autre, étaient à peu près unanimes à organiser la conspiration du silence autour de l'économie politique, « cette science sèche et égoïste ». Divisées en deux camps, celui de la protection et celui du socialisme, il n'y avait de place, dans les feuilles publiques, que pour la discussion ou l'apologie de ces deux systèmes. L'ouvrage de Bastiat ne put donc pas conquérir, dans ces circonstances, toute la notoriété qu'il méritait et qui ne lui a pas fait défaut plus tard. Il faut cependant rendre justice à trois organes de la presse : *le Journal des Débats, la Patrie* et *le Courrier français*, qui, par exception, s'efforcèrent d'appeler l'attention sur les questions vitales agitées par nos voisins.

L'introduction de *Cobden et la Ligue* offre l'exposé du régime économique de l'Angleterre, tel qu'il était avant la crise commerciale d'où est sortie la Ligue, et Bastiat y développe les faits suivants :

1o Les branches aînées de l'aristocratie anglaise possèdent toute la surface du territoire;

2o L'impôt foncier est demeuré invariable depuis 1706, quoique la rente des terres ait septuplé. Il n'entre que pour 1/25 dans les recettes publiques ;

3o La propriété immobilière est affranchie de droits de succession, quoique la propriété personnelle y soit assujettie;

4o Les taxes indirectes pèsent beaucoup moins sur les objets de qualité supérieure, à l'usage des riches, que sur les mêmes objets de basse qualité à l'usage du peuple ;

5° Au moyen de la loi céréale (loi prohibitive), les mêmes branches aînées prélèvent, sur la nourriture du peuple, un impôt que les meilleures autorités fixent à *un milliard* de francs ;

6° Le système colonial, poursuivi sur une très-grande échelle, nécessite de lourds impôts ; et ces impôts, payés presque en totalité par les classes laborieuses, sont, presque en totalité aussi, le patrimoine des branches cadettes, des classes oisives ;

7° Les taxes locales, comme les dîmes, arrivent aussi à ces branches cadettes par l'intermédiaire de l'Eglise établie ;

8° Si le système colonial exige un grand développement de forces, le maintien de ces forces a besoin, à son tour, du régime colonial, et ce régime entraîne celui des monopoles.

Voilà le système économique sous lequel se débattait l'Angleterre, lorsque la détresse qui en résultait pour les classes ouvrières atteignit une telle intensité, et les déficits successifs du budget une telle persistance et une telle gravité que les hommes d'Etat anglais eux-mêmes en furent émus.

L'humanité est soumise à cette triste loi, que le remède politique ne provient jamais que de l'excès du mal. L'histoire ne nous a pas encore présenté un seul peuple, un seul gouvernement, qui aient su conjurer les dernières extrémités par un peu de sagesse, de prévoyance, ou simplement d'équité. Partout nous voyons le mal uniquement limité par l'inévitable catastrophe : révolutions sanglantes, misère universelle, guerres, invasions, etc.

En Angleterre, on laissa les choses en venir à l'incendiarisme dans les districts agricoles, au Rebeccaïsme dans le pays de Galles, au chartisme dans les villes manufacturières. Heureusement les mœurs de ce pays sont si fortes, l'esprit public y est si exercé, par une longue pratique des libertés parlementaires, à étudier et à résoudre les plus épineuses questions, que l'*Anti-corn-law-League*, se plaçant sur un terrain pacifique et légal, répandit dans la nation entière, au moyen de meetings, de brochures, de journaux, de souscriptions, de discussions au grand jour, de toutes ces armes aussi familières aux Anglais qu'elles nous le sont peu, l'idée fondamentale et réparatrice de la liberté des échanges. Elle la présenta et la fit accepter comme l'unique solution au malheur public ; elle en fit ressortir la grandeur, la justice, l'efficacité, et l'événement a confirmé toutes les prévisions de ses illustres orateurs.

Bastiat peint le rapide essor que prit la Ligue, les larges moyens par lesquels elle engagea la lutte la plus formidable et la plus originale qu'on eût encore vue, lutte qui était le symptôme du renversement de la vieille politique du monde, révolution dont nous n'avons vu que l'aurore, et dont l'avenir pourra seul déterminer toute la portée. Par une sorte d'intuition prophétique, il prédit à Robert Peel qu'il serait conduit à attacher son nom à la réforme de 1846.

Que de talent et d'énergie la traduction de Bastiat nous montre chez les membres de la Ligue, non-seulement pour émouvoir et éclairer l'opinion publique, mais encore pour triompher des résistances d'une oligarchie toute-puissante, orgueilleuse, et croyant son existence attachée à ses priviléges !

Le livre de *Cobden et la Ligue* contenait un grand enseignement. Les événements le complétèrent. Les réformes de Huskisson et la répudiation solennelle du régime protecteur par Robert Peel furent des dates mémorables. L'ébranlement qui avait gagné l'Angleterre cessa, lorsque la chambre des communes, la chambre des lords ensuite, eurent sanctionné le mouvement opéré dans les esprits et eurent décidé que l'alimentation du peuple ne subirait plus désormais aucune entrave commerciale. Alors on eut un spectacle aussi beau que celui de l'agitation pacifique qui avait précédé : ce fut la dissolution paisible et spontanée de la Ligue. Un peuple est digne de la liberté, quand il sait obtenir justice par la voie des manifestations légales, et qu'ensuite il retourne à ses travaux, comme un fleuve un instant menaçant rentre dans son lit.

En France, nul ne pensait à chercher dans la liberté un soulagement à ses maux. La France, victime de l'esprit de parti, distraite de ses véritables intérêts, engouée de phalanstère, de crédit gratuit, de spoliation légale, de toutes les chimères socialistes et de toutes les iniquités gouvernementales et protectionnistes, s'agitait dans le vide. Pendant que l'Angleterre marchait en regardant l'avenir et en recueillant pour sa récompense une prospérité inouïe, nous nous acheminions vers 1848 et 1851.

Voulant imiter l'activité de Cobden, Bastiat fonda une association pour le libre-échange. Cette œuvre, emportée par la révolution de février, aurait peut-être produit, sous l'influence d'une stabilité politique qui nous échappe depuis quatre-vingts ans, des résultats durables. Tout embryonnaire qu'elle soit demeurée, elle n'en a pas moins absorbé les dernières années de Bastiat, et elle a suffi pour user une existence de cette valeur. C'est une autre et glorieuse étape dans la vie de l'économiste.

Nous reproduirons la déclaration de principes de l'association, parce qu'elle est due à la plume de Bastiat, et qu'elle résume d'une façon lapidaire les raisons d'être de la liberté commerciale.

DÉCLARATION.
(10 mai 1846).

« Au moment de s'unir pour la défense d'une grande cause, les soussignés sentent le besoin d'exposer leur croyance, de proclamer le but, la limite, les moyens et l'esprit de leur association.

» L'échange est un droit naturel comme la propriété. Tout citoyen qui a créé ou acquis un produit doit avoir l'option ou de l'appliquer immédiatement à son usage, ou de le céder à quiconque, sur la surface du globe, consent à lui donner en échange l'objet de ses désirs. Le priver de cette faculté, quand il n'en fait aucun usage contraire à l'ordre public et aux bonnes mœurs, et uniquement pour satisfaire la convenance d'un autre

citoyen, c'est légitimer une spoliation, c'est bles-
ser la loi de la justice.

» C'est encore violer les conditions de l'ordre ;
car quel ordre peut exister au sein d'une société
où chaque industrie, aidée en cela par la loi et la
force publique, cherche ses succès dans l'oppression de toutes les autres ? C'est méconnaître la
pensée providentielle qui préside aux destinées
humaines, manifestée par l'infinie variété des
climats, des saisons, des forces naturelles et des
aptitudes, biens que Dieu n'a si inégalement ré-
partis entre les hommes que pour les unir, par
l'échange, dans les liens d'une universelle fraternité.

» C'est contrarier le développement de la prospérité publique, puisque celui qui n'est pas libre
d'échanger ne l'est pas de choisir son travail, et
se voit contraint de donner une fausse direction à
ses efforts, à ses facultés, à ses capitaux, et aux
agents que la nature avait mis à sa disposition.

» Enfin c'est compromettre la paix entre les peuples, car c'est briser les relations qui les unissent
et qui rendront les guerres impossibles, à force
de les rendre onéreuses.

» L'Association a donc pour but la Liberté des
échanges.

» Les soussignés ne contestent pas à la société le
droit d'établir, sur les marchandises qui passent
la frontière, des taxes destinées aux dépenses
communes, pourvu qu'elles soient déterminées
par la seule considération des besoins du trésor.
Mais sitôt que la taxe, perdant son caractère fis-
cal, a pour but de repousser le produit étranger,

au détriment du fisc lui-même, afin d'exhausser artificiellement le prix du produit national similaire et de rançonner ainsi la communauté au profit d'une classe, dès cet instant la protection ou plutôt la spoliation se manifeste; et c'est là le principe que l'Association aspire à ruiner dans les esprits et à effacer complétement de nos lois, indépendamment de toute réciprocité et des systèmes qui prévalent ailleurs.

» De ce que l'Association poursuit la destruction complète du régime protecteur, il ne s'ensuit pas qu'elle demande qu'une telle réforme s'accomplisse en un jour et sorte d'un seul scrutin. Même pour revenir du mal au bien et d'un état de choses artificiel à une situation naturelle, des précautions peuvent être commandées par la prudence. Ces détails d'exécution appartiennent aux pouvoirs de l'Etat; la mission de l'Association est de propager, de populariser le principe.

» Quant aux moyens qu'elle entend mettre en œuvre, jamais elle ne les cherchera ailleurs que dans des voies constitutionnelles et légales.

» Enfin l'Association se place en dehors de tous les partis politiques. Elle ne se met au service d'aucune industrie, d'aucune classe, d'aucune portion du territoire. Elle embrasse la cause de l'éternelle justice, de la paix, de l'union, de la libre communication, de la fraternité entre les hommes ; la cause de l'intérêt général, qui se confond, partout et sous tous les aspects, avec celle du public consommateur ».

Quand on compare la sagesse de ce langage aux déclamations de l'époque, on se rend compte du petit nombre de personnes qui se trouvèrent en état de l'entendre.

Bastiat développa ses idées dans le journal *le Libre-Echange*. Il le fit sous une forme familière et pittoresque, saisissant toutes les occasions que lui offraient les faits courants, les théories étalées dans les journaux.

L'influence du régime protecteur sur l'agriculture, l'échelle mobile, l'importation du bétail étranger, l'exportation du numéraire, le communisme, l'influence du libre-échange sur le bien-être et les relations des peuples, certains impôts, les céréales, etc., furent le sujet de ces articles étincelants de verve, où il accablait la protection et le socialisme.

Et ce n'est pas seulement le *Libre-Echange* ou *Cobden et la Ligue* qui nous parlent de liberté commerciale : qu'on ouvre les *Pamphlets*, la correspondance de Bastiat, ses *Sophismes*, ses *Harmonies*, ses *Discours*, on trouvera partout la même préoccupation.

Dans son pamphlet *Abondance*, Bastiat s'étonne d'être obligé de démontrer une proposition aussi évidente que celle-ci : *L'abondance vaut mieux que la disette.*

« D'où vient, dit-il, qu'en face d'un problème si facile à résoudre, tous les hommes, après s'être virtuellement prononcés pour l'abondance, par leur manière d'agir, de travailler et d'échanger, se constituent théoriquement les défenseurs de la disette, jusque-là qu'ils forment dans ce sens l'opinion publique et en font jaillir toute sorte de lois restrictives et compressives?

» Pour accroître notre bien-être, pour retirer du milieu social, en échange des nôtres, un plus grand nombre de services, il nous faut produire *plus de valeur*. Or, créer *plus de produits*, ou créer *plus de valeur*, ce n'est pas la même chose. Il est bien clair que si, par force ou par ruse, nous parvenions à raréfier beaucoup le service spécial ou le produit qui fait l'objet de notre profession, nous nous enrichirions sans augmenter ni perfectionner notre travail. Si un cordonnier, par exemple, pouvait faire évaporer tous les souliers du monde, excepté ceux de sa boutique, ou frapper de paralysie quiconque sait manœuvrer le tranchet et le tire-pied, il deviendrait un Crésus : son sort s'améliorerait en raison inverse de la destinée universelle.

» Voilà tout le secret — et tout l'odieux — de la théorie de la disette, telle qu'elle se manifeste dans les restrictions, les monopoles et les priviléges. Elle ne fait que traduire et voiler, par un commentaire scientifique, ce sentiment égoïste que nous portons tous au fond du cœur : Les concurrents m'importunent.

» Dans nos temps de cupidité, chacun s'adresse à la législature, et, par cet intermédiaire, à la force publique, pour lui demander de créer artificiellement, par tous les moyens en son pouvoir, la rareté de la chose qu'il produit. L'agriculteur demande la rareté du blé ; l'éleveur, la rareté du bétail ; le maître de forges, la rareté du fer ; le colon, la rareté du sucre ; le tisseur, la rareté du drap, etc. Chacun donne les mêmes raisons, ce qui finit par faire un corps de doctrine ; et la force publique emploie le fer et le feu au triomphe de cette théorie.

» Mais sans parler des masses, ainsi soumises au régime de la privation universelle, il est aisé de voir à quelle mystification viennent se heurter les inventeurs de ce régime.

» Relativement à chaque produit spécial, la valeur a deux éléments : 1º la rareté de ce qui lui est similaire ; 2º l'abondance de tout ce qui ne lui est pas similaire.

» Or, par cela même que la législature, esclave de l'égoïsme individuel, travaille à réaliser le premier de ces deux éléments dë la valeur, elle détruit le second. Elle a successivement satisfait les vœux de l'agriculteur, de l'éleveur, du maître de forges, du fabricant, du colon, en produisant artificiellement la rareté de leurs produits respectifs ; mais qu'est-ce autre chose que détruire cette *abondance générale*, seconde condition de la valeur de chaque produit particulier ? Ainsi, après avoir soumis la communauté à des privations effectives pour rehausser la valeur des produits, on ne réussit même pas à atteindre cette ombre, parce que la rareté des autres produits neutralise l'effet de la rareté de chaque produit spécial ».

Ailleurs (pamphlet *Spoliation et Loi*), Bastiat prend à partie un protectionniste célèbre :

« Vous ne tenez ni à vos intérêts, ni à votre fortune, c'est ce que vous proclamez sans cesse. Dernièrement, au Conseil général du commerce, vous disiez : « S'il suffisait que les riches abandon-» nassent ce qu'ils ont pour que le peuple fût ri-» che, nous serions tous prêts à le faire ». (Oui !

oui ! c'est vrai !) Et hier, à l'Assemblée nationale :
« Si je croyais qu'il dépendît de moi de donner à
» tous les ouvriers le travail dont ils ont besoin,
» je donnerais tout ce que je possède pour réali-
» ser ce bienfait... malheureusement impos-
» sible ».

» Vous voudriez être généreux, et vous ne le
pouvez avec fruit ! Ce que j'ose vous demander,
c'est d'être juste. Gardez votre fortune, mais permettez-moi de garder la mienne. Permettez-moi,
quand j'ai besoin de fer, de m'adresser à un Belge,
qui me le livrera pour 100 fr. de moins que vous.
Ne me forcez pas à me dépouiller de ces 100 fr.
en votre faveur ; ne me volez pas en apostant des
douaniers qui empêchent d'entrer le fer belge, et
qui m'obligent d'acheter le vôtre. Respectez ma
propriété comme je respecte la vôtre. Est-ce donc
de ma part une requête trop hardie » ?

Un sophisme économique, d'autant plus dangereux qu'il revêt une fausse couleur de patriotisme, consiste à dire qu'*il faut protéger* « *le travail national* », *pour empêcher le nombre des
emplois de la production de diminuer sous l'effort
de la concurrence étrangère, et garantir ainsi
des moyens d'existence aux ouvriers.*

Ce prétexte a toujours été un leurre, car jamais
les grands entrepreneurs d'industrie ne se sont
fait scrupule d'employer des ouvriers étrangers,
malgré leur affectation de patriotisme.

« En 1822, l'industrie des fers obtint un supplé-
ment extraordinaire de protection. Aussitôt elle
prit une extension considérable ; mais elle em-
ploya surtout, pour se développer, des capitaux et

des travailleurs *anglais*. Les maîtres de forges, bénéficiaires de la prime d'enchérissement payée par les consommateurs français, partagèrent donc cette prime avec ceux-là mêmes que le législateur avait voulu frapper (*Dictionn. d'écon. polit.*)».

Ces mots de *travail national* (1), dont on faisait de son temps un si criant abus, et auxquels les badauds se laissaient prendre, avaient le don d'exaspérer Bastiat et de lui inspirer des apostrophes éloquentes aussi bien que de charmantes satires.

Dans un de ses pamphlets, il flétrit la spoliation légale, et la rend responsable des désordres du socialisme. Il n'a pas de peine à montrer que le protectionnisme et le socialisme sont frères.

« Qu'est-ce donc que la loi, demande-t-il aux fauteurs de la prohibition, ou du moins que de-

---

(¹) « Il est, en économie politique, deux écoles : l'une que je qualifierai de cosmopolite, afin de mieux la flétrir, l'autre que j'appellerai nationale. L'école cosmopolite est vendue à l'étranger; elle appelle, de toute la puissance de ses vœux, une invasion de tissus féroces et d'articles ennemis. Elle ne se plaît que dans les cachemires de l'Inde, les Mac-Intosh anglais, les fourrures de Sibérie, les soieries Suisses, les houilles Belges, les dattes de Barbarie, les plombs d'Espagne, les oranges de Monaco, les chanvres russes, les fers de Suède, les pantins de Nuremberg et les marmottes de la Savoie. C'est là son bonheur, son idéal. Plus elle voit de produits exotiques, moins elle aime ceux de sa patrie. Ce n'est pas cette école qui se retirerait derrière la Loire, si l'industrie étrangère souillait notre sol : elle irait au contraire au-devant de l'ennemi pour s'en vêtir, s'en nourrir, s'en chauffer, en user de mille manières Ames dépourvues de nationalité !

» Ces gens-là ne manquent pas de spécieux prétextes; ils prétendent qu'il faut accepter le bien, de quelque part qu'il vienne; que tout ce qui est beau et à bon marché mérite leurs préférences.

vrait-elle être? Quelle est sa mission rationnelle et morale? N'est-ce point de tenir la balance exacte entre tous les droits, toutes les libertés, toutes les propriétés? N'est-ce pas de faire régner entre tous la justice? N'est-ce pas de prévenir et de réprimer l'oppression et la spoliation, de quelque part qu'elles viennent?

» Et n'êtes-vous pas effrayé de l'immense et déplorable innovation qui s'introduit dans le monde, le jour où la loi est chargée d'accomplir elle-même le crime que sa mission était de châtier? le jour où elle se tourne, en principe et en fait, contre la liberté et la propriété?

» Vous déplorez les symptômes que présente la société moderne ; vous gémissez sur le désordre qui règne dans les institutions et les idées. Mais n'est-ce pas votre principe qui a tout perverti?

Cosmopolites, voilà de vos arguments ! L'école nationale ne raisonne point ainsi : elle porterait de la bure au lieu de drap dans l'intérêt des manufactures françaises, et payerait volontiers la bure plus cher que le drap. Tel est son dévouement. Pour peu que vous la poussiez à bout, elle se coupera la fièvre avec de l'arsenic français au lieu de quinquina américain, s'abreuvera de chicorée française au lieu de café moka. Elle aime tout ce qu'elle fabrique, cette école, fille du patriotisme, et déteste ce qu'elle ne fabrique pas ; elle adore ce qui lui procure de gros profits et se révolte contre tout ce qui pourrait les diminuer. Elle craint que l'argent français ne dérive vers les bourses étrangères, et elle ouvre ses coffres pour empêcher cette déviation. Je suis Français, tu es Français, dit-elle, l'affaire peut s'arranger. Noble école ! »

C'est *Jérôme Paturot* qui parle ainsi dans le roman humoristique de M. Louis Reybaud. Bonnetier, il va déposer devant la commission d'enquête en faveur du bonnet de coton national et du mouton français, sans oublier « les cinquante-six millions d'ouvriers qui composent l'atelier national ».

Quoi! la loi n'est plus le refuge de l'opprimé, mais l'arme de l'oppresseur? La loi n'est plus une égide, mais une épée! La loi ne tient plus dans ses mains augustes une balance, mais de faux poids et de fausses clefs! Et vous voulez que la société soit ordonnée!

» Votre principe a écrit sur le fronton du palais législatif ces mots : « Quiconque acquiert ici quelque influence peut y obtenir sa part de spoliation légale ».

» Et qu'est-il arrivé? Toutes les classes se sont ruées sur les portes de ce palais, en demandant une part de spoliation.

» En faisant irruption dans l'Assemblée nationale, chaque classe est venue pour s'y faire, en vertu de votre principe, de la loi un instrument de rapine. On a réclamé l'impôt progressif, le crédit gratuit, le droit au travail, le droit à l'assistance, la garantie d'un minimum de salaire, les avances à l'industrie, etc. Bref, chacun a voulu vivre et se développer aux dépens d'autrui.

» Et sous quelle autorité a-t-on placé ces prétentions? Sous l'autorité de vos précédents. Quels sophismes a-t-on invoqués? Ceux que vous propagez depuis des siècles. Ainsi que vous, on a parlé de *niveler les conditions du travail*. Ainsi que vous, on a déclamé contre *la concurrence anarchique*. Ainsi que vous, on a bafoué le *laissez-faire*, c'est-à-dire *la liberté*. Ainsi que vous, on a dit que la loi ne devait pas se borner à être juste, mais qu'elle devait venir en aide aux industries chancelantes, protéger le faible contre le fort, assurer des profits aux individus aux dépens de la communauté, etc., etc.

» Le socialisme est venu faire la théorie de la spoliation : il a fait ce que vous faites ».

C'est au nom du « travail national » qu'on a inventé *les primes d'exportation*, autrement dites le *vol à la prime*.

« Une pièce de drap, dit Bastiat *(Sophismes)*, vaut *cent francs* à Bordeaux. Il est impossible de la vendre au-dessous sans y perdre. Il est impossible de la vendre au-dessus, la concurrence entre les marchands s'y oppose. Dans ces circonstances, si un Français se présente pour avoir ce drap, il faudra qu'il le paie *cent francs*, ou qu'il s'en passe. Mais si c'est un Anglais, le gouvernement intervient et dit au marchand : « Vends ton drap, je te ferai donner *vingt francs* par les contribuables ». Le marchand, qui ne veut ni ne peut tirer que cent francs de son drap, le livre à l'Anglais pour 80 francs. Cette somme, ajoutée aux 20 fr., produit du *vol à la prime*, fait tout juste son compte. C'est donc exactement comme si les contribuables eussent donné 20 francs à l'Anglais, sous la condition d'acheter du drap français à 20 fr. de rabais, à 20 fr. au-dessous des frais de production, à 20 fr. au-dessous de ce qu'il nous coûte à nous-mêmes. Donc, le vol à la prime a ceci de particulier, que les *volés* sont dans le pays qui les tolère, et les *voleurs* disséminés sur la surface du globe.

» Il y en a qui nous disent : « Vous êtes donc les partisans du *laissez-passer?* des économistes de l'école surannée des Smith et des Say? Vous

ne voulez donc pas *l'organisation du travail* »?
— Eh ! messieurs, organisez le travail tant qu'il vous plaira. Mais nous veillerons, nous, à ce que vous n'organisiez pas le vol ».

Il est impossible de faire ressortir avec plus de vivacité et de justesse ce que présentent d'inique et de mensonger les prétendus remèdes protec-teurs. Comment comprendre que des vérités si simples, si pressantes, soient encore aujourd'hui méconnues, et qu'au mois d'août 1870, par exem-ple, le Corps législatif, après tant d'enseigne-ments, ait voté la prolongation pendant dix ans des *primes* accordées à nos pêcheurs de morue ?

« Ces primes ont pour objet de nous faire payer cette denrée plus cher, pour que les étrangers la paient meilleur marché, et, en fait, elles sont une subvention déguisée que nous payons aux pays qui reçoivent le produit de notre pêche. L'Italie, entre autres, prélève 4 fr. 80 de droit par 100 kilogr. importés : c'est le tiers de la prime que nous don-nons. De 1827 jusqu'à 1870, la France a payé à cette honteuse dilapidation des fonds de l'Etat en-viron 125 millions! Et cela continue. Ne devait-on pas mettre un terme à cette mauvaise invention socialiste, qui n'est autre chose que la confisca-tion de la propriété des contribuables pour en gratifier 10 à 12,000 marins! M. Michel Chevalier eut *seul* le courage de voter contre la loi ». (T. N. Bénard).

Le *travail national* a encore à son service le so-phisme *des ricochets*. Il n'a pas échappé à Bastiat :

Les protectionnistes disaient avec une convic-tion touchante :

« Les faveurs que la loi nous accorde ne s'a-
dressent pas à l'industriel, mais à l'industrie. Les
profits qu'elle nous permet de prélever, aux dépens des consommateurs, ne sont qu'un dépôt entre nos mains. Ils nous enrichissent, c'est vrai ;
mais notre richesse, nous mettant à même de dépenser davantage, d'agrandir nos entreprises, retombe comme une rosée féconde sur la classe ouvrière ».

Bastiat leur répond :

« Eh ! bien, les classes souffrantes diront aussi :
Laissez-nous prendre législativement le bien d'autrui. Nous aurons plus d'aisance; nous achèterons
plus de blé, plus de viande, plus de draps, plus
de fer, et ce que nous aurons reçu par l'impôt
reviendra en pluie bienfaisante aux capitalistes et
aux propriétaires ».

Bastiat prononça, dans quelques grandes villes,
des discours destinés à propager ses idées économiques. Nous relèverons deux ou trois passages,
consacrés aux conséquences du régime soi-disant
protecteur, sur le travail national lui-même.

A Lyon, Bastiat recherche si c'est la restriction
ou la liberté qui donne à nos industries les meilleures chances.

Il s'élève d'abord contre l'impropriété d'un
langage emprunté au vocabulaire des batailles :
*tributs, invasions, luttes, armes égales, vainqueurs
et vaincus ;* et il montre que, dans la *lutte industrielle,* à la différence de la lutte militaire, la nation vaincue entre immédiatement en partage des
fruits de la victoire.

« Si les Anglais, placés dans des conditions

plus favorables, nous fournissent la houille, ou le Brésil du sucre, à si bas prix qu'on n'en puisse plus faire en France, renoncer à les produire chez nous, c'est constater précisément l'avantage supérieur que nous trouvons à les acheter ailleurs. En cas de défaite industrielle, le consommateur, qui, en définitive, est la nation tout entière et l'élément prépondérant, recueille une compensation dont les protectionnistes ne tiennent jamais compte ».

Mais Bastiat fait abstraction de cette compensation, et il examine la lutte industrielle sous le rapport exclusif des industries qui y sont engagées :

« Quel est, dit-il, le champ de bataille de deux industries rivales ? C'est *le bon marché.*

»Aussi tous les hommes poursuivent-ils instinctivement un but : *la réduction du prix de revient.*

» Or, que fait le régime protecteur ? Il renchérit tous les éléments du prix de revient. Il dit : Vous paierez un peu plus cher la machine, le combustible, la teinture, le lin, le coton et la laine qui entrent dans cette pièce d'étoffe. Vous paierez un peu plus cher le blé, le vin, la viande, les vêtements que vous et vos ouvriers aurez consommés et usés pendant l'opération. En compensation de l'élévation du prix de revient qui en résultera pour vous, je vous donnerai un privilége sur les consommateurs du pays ; et, quant à ceux du dehors, nous tâcherons de les décider à vous surpayer, par des ruses diplomatiques ou par un grand déploiement de forces qui retomberont encore à la charge de votre *prix de revient* ».

Bastiat fait allusion ici aux guerres de commerce et au système colonial.

Dans une seconde réunion à Lyon, il montre les résultats du régime protecteur pour la condition des ouvriers, et prend comme exemple la prohibition du drap étranger.

« L'effet le plus immédiat, dit-il, est que le drap renchérit; et tous les habitants, y compris les ouvriers qui se vêtissent de drap, sont frappés comme d'une taxe. C'est pour eux une perte bien réelle.

» Le drap étant plus cher, les fabriques de drap font plus de profit. Les capitaux et le travail s'y portent. Le salaire hausse, et c'est là que les protectionnistes triomphent.

» Mais d'où sortent ces capitaux? Ils ont déserté d'autres industries, l'agriculture, le commerce, les chemins de fer. Ils ont découragé les salaires qui s'y rapportent, justement dans la proportion où ils les ont encouragés dans la fabrication du drap. Le capital a donc été simplement déplacé, sans aucun accroissement. La somme générale des salaires n'a pas été augmentée, car on ne peut tirer d'un capital donné plus de salaires qu'il n'en renferme. La classe ouvrière gagne donc à la prohibition du drap, outre les inconvénients du déplacement et de la perturbation, celui de payer son drap plus cher, et cela sans aucune compensation (1) ».

(1) A Marseille, Bastiat développe la formule de J.-B. Say : *Les produits s'échangent contre des produits,*
« Cette formule, dit-il, renverse tous les arguments protection-

Voilà donc la situation du « travail national »
empirée par la protection. On sait quels développements et quelle prospérité lui ont valu au contraire les traités de commerce, qui ne sont pourtant qu'une demi-liberté.

Mais ce n'est pas seulement au point de vue du
« travail national », du producteur, qu'il faut se
placer, quand on veut apprécier les conséquences
générales d'un système économique, c'est encore
et surtout, Bastiat l'a dit, au point de vue du consommateur, à qui tout se rapporte en dernière
analyse, parce qu'il est tout le monde. Les résultats économiques ne font que glisser sur le producteur pour aboutir au consommateur. L'intérêt
de ce dernier correspond manifestement à l'intérêt universel. C'est le véritable nœud de la question ; et, si l'économie politique a consenti, par
manière de corollaire, à descendre sur le terrain
de la production, pour démontrer aux travailleurs qu'ils ont tout à perdre à la restriction, il
lui suffisait, pour le triomphe scientifique de la
thèse du libre-échange, d'établir que l'intérêt du
consommateur, qui prime tous les intérêts particuliers, est directement lié à la liberté commerciale. Or, cette vérité, personne n'a pu la contes-
ter, pas même les protectionnistes les plus endur-
cis. De leur propre aveu, ils sont chassés de la
position dominante de l'utilité générale. Nous ve-

nistes, particulièrement celui du *travail national* ; car, si chaque
importation implique et provoque une exportation correspondante,
il est clair que les importations peuvent aller jusqu'à l'infini sans
que le travail national en reçoive aucune atteinte ».

nons de voir qu'ils ne tiennent pas mieux en se retranchant derrière le « travail national ». Comment donc se fait-il que l'intérêt du consommateur n'ait pas depuis longtemps conquis, dans la réalité, la prépondérance que personne ne lui refuse dans la théorie ? C'est bien simple : le consommateur ne fait jamais valoir son droit. M. Louis Reybaud le définit, avec trop de vérité, « un être abstrait, qui ne s'émeut guère de ce qui le touche, subit en silence la loi qu'on lui fait, ne se dérobe à l'exaction qu'en retranchant sur sa dépense, et, au lieu d'appuyer ceux qui parlent en son nom, serait plutôt tenté de leur infliger un désaveu (1) ».

Une erreur économique très-répandue consiste à dire qu'*une nation doit éviter de multiplier ses achats à l'étranger, afin de prévenir l'épuisement de son numéraire.*

C'est le sophisme de la *balance du commerce.* Nous n'en sommes pas, à l'heure qu'il est, entièrement débarrassés, au moins dans le langage. Bastiat l'a raillé de la façon la plus piquante et la plus juste *(Sophismes).*

« La balance du commerce, dit-il, est un article de foi.

» On sait en quoi elle consiste : un pays importe-t-il plus qu'il n'exporte, il perd la différence. Réciproquement, ses exportations dépassent-elles ses importations, l'excédant forme son bénéfice. Cela est tenu pour un axiome, et on légifère en conséquence.

______

(1) *Economistes modernes,* F. Bastiat.

» J'avais fait venir du Périgord des truffes qui me coûtaient 100 francs; elles étaient destinées à deux célèbres ministériels anglais, pour un très-haut prix, que je me proposais de convertir en livres. Hélas! j'aurais mieux fait de les manger moi-même. Tout n'eût pas été perdu, comme il arriva, car le navire qui les emporta périt à la sortie du port. La douane, qui avait constaté à cette occasion une sortie de 100 francs, n'a jamais eu aucune rentrée à inscrire en regard.

» Donc, diront les protectionnistes, la France a gagné 100 fr.; car c'est de cette somme que, grâce au naufrage, l'exportation surpasse l'importation. Si l'affaire eût autrement tourné, s'il m'était arrivé pour 2 ou 300 fr. de livres, c'est alors que la balance du commerce eût été défavorable et que la France eût été en perte ».

La théorie de la balance du commerce est née d'une fausse appréciation du rôle du numéraire. Elle remonte à Charles-Quint. On s'est imaginé que la richesse d'un peuple consistait à posséder beaucoup de métaux précieux. On n'a pas réfléchi que la véritable richesse, c'est l'abondance des produits et leur circulation facile. La nation qui est aujourd'hui la plus riche, l'Angleterre, est aussi celle qui a le moins de numéraire. Son papier suffit pour ainsi dire complétement à l'activité de son commerce. Le numéraire n'est pas autre chose qu'un signe de la valeur; il n'est pas un but, mais un moyen. J.-B. Say a ruiné scientifiquement la balance du commerce, en démontrant que partout et toujours les produits s'échangent en définitive contre des produits. Soutiendra-t-on qu'un boulanger qui échange cinquante francs contre une balle de farine s'appauvrit en se dépouillant de son numéraire? Cette farine ne doublera-t-elle pas de valeur en se changeant en pain? Ce qui est vrai de particulier à particulier l'est tout autant de peuple à peuple. L'Angleterre achète son blé de la Russie, mais elle lui vend ses cotons. Toutes deux tirent profit de leurs échanges, et le numéraire sorti pour l'achat rentre pour la vente. Il en résulte que le mouvement du numéraire est à peu près fictif, et que chaque pays en possède une quantité proportionnée à ses besoins et variant très-peu. L'Espagne a voulu garder l'or de ses colonies, pensant que c'était suffisant pour être riche. Elle a cessé de travailler et de produire. Comme les produits ne s'échangent que contre des produits, elle n'a plus rien reçu dès que ses manufactures et son agriculture ont été délaissées. Son or a été drainé très-rapidement, malgré toutes les mesures répressives, et a été la cause de sa ruine.

« Les âneries humiliantes » de la balance du commerce faisaient encore, jusqu'en 1860, le fonds de la doctrine de nos hommes d'Etat, et il en est beaucoup qui n'y ont pas renoncé.

Le *système colonial* se lie étroitement, dans les théories prohibitionnistes, à la balance du commerce.

Dans un de ses chefs-d'œuvre, le pamphlet *Ce qu'on voit et ce qu'on ne voit pas*, Bastiat en montrait quelques effets. C'était à propos de l'Algérie :

« Votez cinquante millions (plus ou moins), dit-on à la tribune, pour faire en Algérie des ports et des routes, pour y transporter des colons, leur bâtir des maisons, leur défricher des champs. Par là vous aurez soulagé le travailleur français, encouragé le travail africain et fait fructifier le commerce marseillais. C'est tout profit ».

« — Oui, répond Bastiat, cela est vrai, si l'on ne considère les cinquante millions qu'à partir du moment où l'Etat les dépense; si l'on regarde où ils vont, non d'où ils viennent; si l'on ne tient pas compte du mal qu'on a produit, du bien qu'on a empêché, en les faisant entrer dans le coffre des percepteurs. Mais les 50 millions dépensés par l'Etat ne peuvent plus l'être, comme ils l'auraient été, par le contribuable. De tout le bien attribué à la dépense publique exécutée, il faut donc déduire tout le mal de la dépense privée empêchée. Jacques Bonhomme aurait augmenté son outillage, réparé sa chaumière, marné son champ, et ne le peut plus, *c'est ce qu'on ne voit pas*. Il se serait mieux nourri, mieux vêtu, il aurait mieux fait instruire ses fils, il aurait arrondi la dot de sa fille et ne le peut plus, *c'est ce qu'on ne voit pas*. D'une part, les jouissances qui lui sont ôtées, de l'autre, le travail du terrassier, du charpentier, du forgeron, du tailleur, du maître d'école de son village, qu'il eût encouragé et qui se trouve anéanti, *c'est toujours ce qu'on ne voit pas*.

» On dit : Voilà un colon transporté en Algérie; c'est un soulagement pour la population qui reste dans le pays. Comment cela se peut-il, si, en transportant ce colon à Alger, on y a transporté aussi deux ou trois fois le capital qui l'aurait fait vivre en France ?

» Si l'Etat dit à Jacques Bonhomme : Je te prends cent sous pour bâtir une chaumière en Algérie, sauf à te prendre cent sous de plus, tous les ans, pour y entretenir un colon, et autres cent sous pour entretenir un soldat qui garde le colon, et autres cent sous pour entretenir un général qui garde le soldat, etc., etc., il me semble entendre le pauvre Jacques s'écrier : Ce régime légal ressemble fort à la forêt de Bondy ! Et comme l'Etat prévoit l'objection, que fait-il? Il brouille toutes choses : il fait apparaître seulement un colon, un soldat, un général, vivant sur les cinq francs ; il ne montre que *ce qu'on voit,* et Jacques Bonhomme reste dupe ».

On trouve à chaque pas, dans l'œuvre de Bastiat, de ces vives saillies. Aucun des préjugés qui embarrassaient la marche de la science ne demeure indemne. Bastiat excelle dans cette partie militante de sa tâche. Quant à l'exposition doctrinale du libre-échange, il faut la chercher par fragments un peu partout, le chapitre de la Liberté des Echanges n'ayant pu être écrit ; nous l'avons déjà rencontrée, mais on la trouve principalement dans les *Discours* et dans les *Harmonies* (Echange ; Concurrence ; Producteur, Consommateur).

Devant ses auditeurs de Paris, Bastiat établit que, pour chaque individu, pour chaque industrie, pour chaque nation, le moyen le plus sûr de s'enrichir, c'est d'enrichir les autres, parce que la richesse générale est le milieu qui donne de l'emploi, des débouchés et des rémunérations aux services de chacun. La fraternité humaine n'est donc pas un vain sujet de déclamation, mais un phénomène susceptible de démonstration rigoureuse.

Plus tard, dans les *Harmonies* (Echange), Bastiat développe complétement cette idée et la traduit dans ces formules :

L'homme a d'autant plus de chances de prospérer qu'il est dans un milieu plus prospère.

Le bien de chacun favorise le bien de tous, comme le bien de tous favorise le bien de chacun.

Rue Taranne, devant une réunion d'étudiants, il rappelle les principes de l'Association. L'échange se confond avec la propriété. Bien plus, il est la société même. La restriction, poussée à ses dernières conséquences, c'est l'isolement absolu, c'est la destruction de la société.

A la salle Montesquieu, Bastiat démontre que le libre-échange est la cause de tous, la cause des conservateurs comme celle de la démocratie.

« Que redoutent les conservateurs? Le désordre et l'anarchie. Et quel meilleur moyen de prévenir le désordre que de diminuer les souffrances du pauvre, que de mettre à sa portée la plus grande quantité possible d'objets de consommation, que de l'élever ainsi non-seulement en bien-être, mais en dignité, que d'alléger le poids de nos charges? Et comment diminuer sérieusement les impôts sans diminuer l'armée? Et comment diminuer l'armée, tant que les jalousies commerciales tiennent l'éventualité d'une guerre toujours suspendue sur nos têtes?

A cette époque, nous étions atteints d'anglophobie. La haine des Anglais régnait partout, jusque dans le village de Bastiat. Ce fut une des principales causes de l'échec du mouvement libre-échangiste en France. Les protectionnistes représentaient la petite école libre-échangiste comme *vendue* à la perfide Albion. La liberté commerciale venait d'Angleterre : elle était donc condamnée.

Bastiat touche en passant à ce décevant sophisme de *la mission de la France*, qui nous a menés où l'on sait.

« Avant d'adopter le libre-échange, disait-on en 1848, la France a une grande mission à remplir, celle de propager et de faire triompher en Europe l'idée démocratique.

» Est-ce que le libre-échange est un obstacle à cette propagande ? Veut-on insinuer que la France doit accomplir sa mission par les armes ? Alors on a raison de repousser le libre-échange ; mais il reste à prouver que l'on peut faire pénétrer la vérité dans les cœurs à la pointe de la baïonnette ».

Bastiat ne devait point voir les affreux désastres qui ont définitivement couronné *la mission de la France*, prétexte toujours invoqué par nos gouvernements pour mettre notre sang et notre or au service des causes les plus funestes ou les plus vaines. Mais Waterloo lui en avait assez appris pour lui faire détester cette propension aux interventions belliqueuses qui a mérité à notre pays tous ses maux.

» Soyons, disait-il, le peuple le plus éclairé, le mieux gouverné, le mieux ordonné, le plus exempt de charges, d'entraves et d'abus, le plus heureux de la terre, c'est la meilleure propagande ».

Battue sur le terrain des principes et de la théorie, la protection a-t-elle trouvé un dernier refuge ? Elle l'a cru, et, dans un suprême effort d'imagination, essayant d'un ressort tragique, la pitié, elle s'est écriée :

« Si le système protecteur n'existait pas, peut-être ferait-on bien de ne pas l'inventer ; mais vouloir le détruire aujourd'hui, ce serait prononcer l'arrêt de mort d'une multitude d'industries, occasionner des déplacements ruineux de capital et de travail, etc., etc ».

Ce sophisme, dernier-né qui a tué sa mère ou tout au moins ne l'a point sauvée, est visiblement inventé en désespoir de cause. C'est l'aveu formel de la supériorité scientifique du libre-échange. Seulement on se cantonne dans l'impossibilité de la *transition*, sous prétexte qu'elle déchaînera sur le monde une foule de maux.

En d'autres termes, c'est l'interdiction pure et simple du progrès. Il n'y a pas de progrès sans perturbation. Tout progrès déplace des capitaux et des existences. Laissons au lecteur le soin de juger cette objection de paralytique, suivant l'expression de M. de Molinari, en appelant son attention sur l'analogie profonde qui existe entre l'établissement d'une machine nouvelle et la suppression d'une prohibition.

Nous reproduirons simplement, au sujet de ce sophisme, un des meilleurs apologues de Bastiat, tiré du discours qu'il prononça à la salle Montesquieu, en 1846.

« Dans mon village, il y avait un pauvre menuisier ; il ne travaillait que six heures par jour. Hélas ! mon village et bien d'autres ont été ruinés par le régime protecteur; on n'y a pas toujours le nécessaire, à plus forte raison on s'y passe du superflu. Bref, notre menuisier ne travaillait que six heures. Il devint aveugle; mais, comme il ne manquait pas d'énergie, il parvint à expédier le même ouvrage, en y consacrant douze heures de pénible labeur.

» Un de ses voisins, menuisier comme lui, venait le voir souvent et lui disait : « Vous êtes bien heureux d'avoir la cataracte; avant, vous n'aviez pas de quoi vous occuper; maintenant vous êtes occupé toute la journée; et, vous le savez, M. de Saint-Cricq l'a dit : Le travail, c'est la richesse.

» Le pauvre aveugle le crut. Il se voyait déjà millionnaire, et il s'encroûta si bien de cette doctrine qu'il refusait opiniâtrement de se laisser opérer.

» Alors ses parents et ses amis se concertèrent pour le tirer d'erreur.

» Ils cherchèrent à lui démontrer que le travail n'est de la richesse qu'autant qu'il est suivi de quelques résultats. Le malade était sur le point d'être persuadé.

» Que fit son perfide concurrent? Il vint trouver l'aveugle et lui dit : Vos parents sont de beaux *théoriciens,* et peut-être ont-ils raison en *principe.* Mais vous ont-ils parlé du danger de la *transition?* — Ils ne m'en ont pas dit un mot, dit l'aveugle. — Ah! je les y surprends; ils veulent exposer vos yeux subitement à la clarté du soleil et vous faire perdre à jamais la vue.

» Le malade, toujours crédule, s'en fut à ses parents et leur dit : Vous ne m'aviez pas parlé de la *transition*. Vous voulez donc me rendre aveugle ?

» Vous ne seriez pas pis que vous n'êtes, répondirent les parents. Cependant soyez tranquille, nous ne voulons pas vous ôter la vue, mais vous la rendre. Nous n'avons pas parlé de *transition*, parce que cela ne nous regarde pas, c'est l'affaire de l'oculiste. Il fallait bien vous décider à l'appeler. Nous n'étions préoccupés que de combattre votre égarement. Une fois cela obtenu, nous laisserons faire l'opérateur, pourvu toutefois qu'il ne s'entende pas avec votre conseiller, et ne vous laisse pas un bandeau sur les yeux toute votre vie, sous prétexte de *ménager la transition*.

»L'aveugle fut convaincu, se laissa opérer, et la transition ne fit aucune difficulté; car, malgré tous les raisonnements du concurrent, qui ne cessait de crier : « N'ôtez pas le bandeau ou tout est perdu », le malade était le premier à demander la lumière ».

Bastiat avait été précédé par de grands noms, et des noms français, dans la voie où il a laissé une marque impérissable. Si l'Angleterre, en effet, a la première mis en pratique d'une façon durable (1) le libre-échange, c'est en France que les premières

---

(1) Les tarifs de 1664 et de 1667, édictés sous Colbert, le traité de 1786, le projet de 1787, conçu par M. de Vergennes, le tarif moins libéral adopté en 1791 par l'Assemblée Constituante, ne peuvent pas être considérés comme ayant été des applications sérieuses du libre-échange antérieurement à notre époque. Ces tentatives louables, mais entièrement infructueuses, n'ont été que des lueurs passagères, presque sans liaison avec l'aurore de 1860 ; et ce n'est qu'à partir de cette date que la liberté commerciale a pris pied en France.

ébauches théoriques de la liberté commerciale se sont produites. Dès le xvie siècle, Bodin la recommandait dans son livre *de la République*. Montaigne et Sully en étaient partisans, et Colbert lui-même, au sujet duquel on a écrit tant de sottises, mandait à M. Delahaye : « La liberté est l'âme du commerce ». A la fin du règne de Louis XIV, Boisguillebert (*Testament politique de M. de Vauban*) et Fénelon la proposaient aux hommes d'Etat.

« Surtout, disait à Télémaque le sage Narbal, n'entreprenez jamais de gêner le commerce pour le soumettre à vos vues. Il faut que le prince ne s'en mêle point, de peur de le gêner. Le commerce est comme certaines sources : si vous voulez détourner leur cours, vous les faites tarir ».

Dans la description de Salente, on retrouve les mêmes principes : « Le commerce de cette place était semblable au flux et au reflux de la mer ; les trésors y entraient comme les flots viennent l'un sur l'autre. Tout y était apporté et tout en sortait librement. Tout ce qui entrait était utile, tout ce qui sortait laissait en sortant d'autres richesses à la place ».

Montesquieu écrivait (*Esprit des lois*, xx, 13) : « L'objet du commerce est l'exportation et l'importation des marchandises en faveur de l'Etat, et l'objet des douanes est un certain droit sur cette même exportation et importation, aussi en faveur de l'Etat. Il faut donc que l'Etat soit neutre entre ses douanes et son commerce, et qu'il fasse en sorte que ces deux choses ne se croisent point, et alors on y jouit de la liberté du commerce ».

Vincent de Gournay, intendant général du commerce, formule le célèbre adage : *Laissez faire, laissez passer*, que le docteur Quesnay et les physiocrates (1), par l'éclat et l'autorité de leurs travaux, rendirent populaire à la cour.

Quesnay, dans sa vingt-cinquième maxime, demandait « qu'on maintînt l'entière liberté du commerce, car la police du commerce intérieur et extérieur la plus sûre, la plus exacte, la plus profitable à la nation et à l'Etat, consiste dans la pleine liberté de la concurrence (2) ».

Adam Smith et les économistes du XIXe siècle, parmi lesquels il suffit de citer pour la France J.-B. Say, reprirent ces idées et leur donnèrent une forme scientifique et doctrinale. La théorie était solidement établie et depuis longtemps, quand notre pays croupissait encore dans l'ornière des vieux préjugés. L'histoire sera sévère

(1) Gournay, Mercier de la Rivière, le marquis de Mirabeau, Dupont de Nemours, l'abbé Baudeau, Trudaine, Malesherbes, d'Argenson, Turgot, etc. Ils se faisaient écouter par des princes réformateurs, tels que Catherine II, Joseph II, les grands-ducs de Toscane et de Bade, et ils émouvaient l'indolence de Louis **XV**.

(2) Voltaire, dans sa *Diatribe à l'auteur des Ephémérides*, s'exprimait ainsi, à propos des entraves intérieures du commerce des grains, et particulièrement de l'interdiction de la vente hors des marchés :

«Je suis laboureur et j'ai environ quatre-vingts personnes à nourrir. Ma grange est à trois lieues de la ville la plus prochaine ; je suis obligé quelquefois d'acheter du froment, parce que mon terrain n'est pas si fertile que celui de l'Egypte et de la Sicile. — Un jour un greffier me dit : Allez-vous en à trois lieues payer chèrement au marché de mauvais blé. Prenez des commis, un acquit-à-caution, et, si vous le perdez en chemin, le premier sbire qui vous rencontrera sera en droit de saisir votre nourriture, vos chevaux, votre

pour une nation qui, appelée à la liberté commerciale par tant de noms illustres, s'y est opiniâtrément refusée, oscillant de la prohibition au socialisme, partagée entre le cri égoïste des riches et les clameurs de la rue, ne donnant rien à la science ni à la vérité, et tombée à ce point d'abdication intellectuelle et morale qu'elle ait dû la recevoir des mêmes mains qui firent le Deux-Décembre.

L'Angleterre a conquis la liberté commerciale avec l'élan et la fierté d'un peuple libre. La France l'a subie. L'Angleterre a honoré Cobden,

---

femme, votre personne, vos enfants. Si vous faites quelque difficulté sur cette proposition, sachez qu'à vingt lieues il est un coupe-gorge qu'on appelle juridiction; on vous y traînera, vous serez condamné à marcher à pied jusqu'à Toulon, où vous pourrez labourer à loisir la mer Méditerranée.

»Je pris d'abord ce discours instructif pour une froide raillerie. C'était pourtant la vérité pure. Quoi! dis-je, j'aurai rassemblé des colons pour cultiver avec moi la terre, et je ne pourrai acheter du blé pour les nourrir eux et ma famille! et je ne pourrai en vendre à mon voisin, quand j'en aurai de superflu! — Non, il faut que vous et votre voisin creviez vos chevaux pour courir pendant six lieues. — Eh! dites-moi, je vous prie, j'ai des pommes de terre, et des châtaignes avec lesquelles on fait du pain excellent pour ceux qui ont un bon estomac; ne puis-je pas en vendre à mon voisin sans que ce coupe-gorge, dont vous m'avez parlé, m'envoie aux galères?

» —Oui. — Pourquoi, s'il vous plaît, cette énorme différence entre mes châtaignes et mon blé? — Je n'en sais rien, c'est peut-être que les charançons mangent le blé et ne mangent point les châtaignes. — Voilà une très-mauvaise raison. — Eh! bien, si vous en voulez une meilleure, c'est parce que le blé est d'une nécessité première, et que les châtaignes ne sont que d'une seconde nécessité. — Cette raison est encore plus mauvaise. Plus une denrée est nécessaire, plus le commerce en doit être facile. Si on vendait le feu et

de son vivant, comme un de ses enfants les plus
glorieux. La France a ignoré Bastiat, et s'avise seulement depuis sa mort qu'il est un des hommes
dont elle a le droit d'être le plus fière.

CHAPITRE VI.

Conclusion.

Nous avons suivi Bastiat dans les principaux
problèmes de l'économie politique. Il ne les a pas
tous abordés, car le champ était trop vaste. Peu

l'eau, il devrait être permis de les importer et de les exporter d'un
bout de la France à l'autre ».

Dans ses *Lettres sur la liberté du commerce des grains*, Turgot
cite un fait frappant à l'appui des inconvénients de l'interdiction
ou de la réglementation des ventes en dehors de certaines circonscriptions :

« Dans la disette de 1740 à 1744, dit-il, tandis que le froment
valait 45 livres à Paris, il ne valait à Angoulême que 17 livres ; et,
pendant toute la durée de cette disette, l'inégalité des prix entre
Angoulême et Paris a été assez grande pour qu'il y eût du profit
à porter des grains d'Angoulême à Paris, même par terre, et à plus
forte raison par les rivières et par la mer. Je demande pourquoi
l'abondance d'Angoulême et des provinces méridionales fut inutile
à Paris. N'est-il pas évident que, si le commerce des grains avait
été monté, si des gênes et des règlements absurdes n'avaient pas
détruit la liberté, et le commerce avec elle, on ne se fût pas aperçu
de cette disette qui suivit la récolte de 1740, et qui fut si cruelle dans
une partie du royaume ? Les règlements et les gênes ne produisent
pas un grain de plus ; mais ils empêchent que le grain surabondant
dans un lieu ne soit porté dans les lieux où il est plus rare. La
liberté, quand elle n'augmenterait pas la masse des grains, en encourageant la production, aurait au moins l'avantage de répartir le plus
promptement et le plus également qu'il soit possible les grains qui
existent ».

d'hommes approfondissent toutes les parties d'une science. Des questions nouvelles naissent d'ailleurs avec la marche de la civilisation et sa complexité croissante ; et un mouvement analogue se rencontre dans toutes les branches de la connaissance humaine.

Le seul livre dans lequel Bastiat ait eu un plan d'ensemble embrassant toutes les grandes questions économiques, les *Harmonies*, est demeuré, nous l'avons dit, inachevé. Tout le reste de son œuvre se rapporte aux différents problèmes que soulevaient les circonstances, et surtout à la liberté des échanges. Sa plume suivait les événements et profitait des occasions. Il n'avait à se préoccuper ni d'un ordre didactique ni d'un groupement complet, du moment qu'il se proposait de se concentrer dans quelques théories prépondérantes, et de les faire passer dans le courant de l'opinion par les moyens où il excellait.

Nous avons montré comment il envisageait les questions les plus importantes. Nous avons motivé nos critiques, lorsqu'il y a eu lieu d'en faire, rappelé le point où ses prédécesseurs étaient parvenus, et enfin essayé de compléter certaines théories intéressantes par des indications rapides. De la sorte nous pensons avoir donné de ces questions particulières une idée suffisante.

Maintenant il faut jeter un regard sur la philosophie de l'économie politique.

Qu'en pensait Bastiat ? Un esprit aussi actif et aussi généralisateur ne pouvait manquer d'avoir une opinion à ce sujet. Malheureusement il n'a laissé que le titre du chapitre qui aurait pu nous

révéler toute sa pensée : *Rapports de l'économie politique avec la morale, avec la politique, avec la
législation;* c'est le dernier des *Harmonies*, telles
que les a figées la mort. On a retrouvé seulement,
dans les notes de Bastiat, l'introduction incomplète du chapitre qui devait traiter des rapports de
l'économie politique avec la religion. Dans ce frag-
ment, s'affirme ce qui ressort d'ailleurs de tous
ses écrits, un sentiment profondément spiritualiste.
L'idée de l'harmonie providentielle dont les lois
économiques seraient empreintes, idée que Bastiat
n'a cessé de placer au sommet de sa synthèse,
l'optimisme qui en résultait chez lui, combinés
avec l'enthousiasme de son âme généreuse,
devaient aboutir à ce sentiment. Bastiat est reli-
gieux spontanément, sans chercher à se démontrer ses croyances.

Dans ce cœur simple comme celui d'un enfant,
il y a un tel rayonnement de bonté et d'honnêteté
que la conception du monde extérieur en reçoit sa
direction. Ce que le spiritualisme a de plus large
et de plus noble est le partage de Bastiat. Chez
lui, pas une ligne où l'on sente l'intolérance ou le
calcul. Tout est douceur et désintéressement. C'est
un ami qui se confie à son lecteur avec l'exquise
naïveté qu'il apportait dans ses pages les plus spirituelles. Son franc sourire, son regard clair, se
sont un peu voilés de mélancolie, car le sujet est
devenu plus grave et la mort fait sentir ses appro-
ches. Il écrit ainsi comme une plante fleurit. Nous
sommes en présence d'un développement psy-
chologique si pur, si sincère, que nous ne voulons
pas y toucher, même d'une main respectueuse. La

critique n'a rien à faire ici. Elle est trop sèche, trop rude, pour des choses aussi délicates.

Bornons-nous à dire que Bastiat considérait l'économie politique comme une science constituée et près de sa perfection, et qu'il lui attribuait une primauté manifeste sur toutes les autres. Il tendait à en agrandir le champ et à en faire la science sociale tout entière. On verra par ce qui suit dans quelle mesure sa conception était exacte.

Les socialistes, les prohibitionnistes et les positivistes, ennemis de l'économie politique pour des raisons différentes, exagèrent les divergences de ses solutions, le défaut de liaison de ses parties, et lui refusent le titre de science. Les *Contradictions économiques* de Proudhon, les anathèmes des privilégiés de toute sorte et les écrits d'Auguste Comte en témoignent suffisamment. A entendre ce dernier, l'économie politique ne serait qu'une simple étude dont la matière est aussi vague et aussi dénuée de précision que les résultats, une sorte d'illusion idéologique où l'antinomie le dispute à l'*a priori* métaphysique. Ballon gonflé de vent, la prétendue science n'aurait plus qu'à rejoindre les synthèses purement spéculatives qui, depuis l'antiquité, ont éclos dans l'imagination des hommes. A entendre les autres, irrités par l'intérêt ou l'idéologie, elle mérite d'être foudroyée et les économistes sont des traîtres. Ces déclamations passionnées ont beaucoup plus ému l'opinion que les raisonnements abstraits des positivistes. Le motif en est simple : les écrits sérieux s'adressent au petit nombre, tandis que les virtuosités de plume et les excentricités retentissantes des Proudhons n'ont besoin, pour être goûtées, d'aucune préparation scientifique.

Nous négligerons l'argumentation socialiste, où il entre trop de fantaisie, et celle de la protection, trop suspecte. Au reste, on l'a vu, elles sont ruinées scientifiquement. Nous n'avons à tenir compte que de la philosophie positive. Nous viendrons volontiers sur le terrain d'une philosophie qui a produit la belle classification des sciences telle qu'Auguste Comte l'a formulée, et qui, à ce titre, est la philosophie même des sciences. En nous plaçant au point de vue positiviste, nous mettrons les choses au pire pour l'économie politique ; et, si elle triomphe de cette épreuve, elle n'aura plus rien à redouter.

Que nous dit la philosophie positive ? Beaucoup moins de mal de l'économie politique que les positivistes. Il n'est pas sans exemple qu'une doctrine soit au fond plus impartiale que son fondateur et la plupart de ses adeptes.

« La philosophie positive (1) dit M. Littré, son représentant le plus autorisé, est la conception du monde telle qu'elle résulte de l'ensemble systématisé des sciences positives.

» Elle provient de deux opérations : la détermination des faits généraux de chaque science fondamentale et le groupement ou coordination de ces faits ».

Cette tâche immense a été conçue et accomplie

____

(1) Voyez Auguste Comte : *Cours de philosophie positive,* 6 vol. in-8° ; et M. Littré : 1° *Auguste Comte et la philosophie positive,* 1 vol. in-8° ; 2° *Auguste Comte et Stuart Mill,* brochure.

par Auguste Comte. Quand il eut déterminé et coordonné les faits généraux des six sciences particulières qu'il considéra comme fondamentales, la mathématique, l'astronomie, la physique, la chimie, la biologie, parvenues de son temps à un état pleinement positif, et la sociologie, qu'il eut la gloire de reconnaître; quand il eut fait en un mot la philosophie de chaque science, il entreprit la philosophie totale, la coordination de ces philosophies particulières. Il régla cette coordination par le degré de complication des phénomènes, suivant la hiérarchie qu'offre la nature elle-même dans les faits physiques, chimiques et biologiques; il l'appuya concurremment sur l'ordre historique, qui est conforme au degré de complication, et sur l'ordre didactique, qui oblige l'esprit à passer par un degré pour atteindre l'autre.

Dans sa classification, la sociologie ou science sociale occupe le rang le plus élevé, en raison de sa complication et de sa dépendance de toutes les sciences précédentes. Une science est supérieure à une autre quand elle en dépend, sans réciprocité, et son degré de généralité est en raison inverse de sa dépendance. Ainsi la mathématique, qui ne dépend d'aucune autre science, est la plus abstraite et la plus générale. Elle est aussi la moins compliquée comme induction. L'induction prend un rôle considérable et rencontre des difficultés croissantes dans les sciences physiques et biologiques. En sociologie elle devient plus laborieuse encore.

Nous ne parlerons pas ici des objections qu'un philosophe anglais, Herbert Spencer, a faites au principe de généralité décroissante, et à la série, à l'évolution, à la constitution des sciences d'Auguste Comte. M. Littré y a répondu à la satisfaction des penseurs, sans nier le principe de l'interdépendance des sciences, mais en le restreignant à leur évolution.

C'est du procédé de constitution des sciences que découlera l'éclaircissement de la situation de l'économie politique vis-à-vis du positivisme.

La biologie ou science de la vie fut séparée de la physique et de la chimie et définitivement constituée, quand Bichat eut déterminé les propriétés élémentaires des tissus organiques et montré que la vie est dans un rapport constant et régulier avec eux.

Dans sa théorie des *résidus*, M. Littré explique très-bien la formation de la science supérieure par un résidu que laisse la science inférieure et dont elle ne peut rendre compte. Ainsi les propriétés de la substance organisée ne peuvent pas trouver leur explication dans la chimie. C'est là que réside essentiellement le droit de séparer la biologie d'avec cette science.

De même, c'est un autre résidu, laissé par la biologie, qui donnera sa raison d'être à la sociologie. Ce résidu est le développement historique des sociétés, en d'autres termes leur état dynamique.

Le puissant esprit d'Auguste Comte démêla bientôt que l'état statique des sociétés, ou le mode suivant lequel elles subsistent, ne pouvait fournir la matière de la séparation des deux sciences. En effet, non-seulement l'état statique n'a pas un caractère de permanence, mais encore il est subordonné à l'état dynamique, qui est la cause de ses changements. Des sociétés existent chez les animaux et certains sauvages sans subir de transformation. On pourrait donc, à la rigueur, faire remonter l'état statique rudimentaire à un instinct d'association qui rentrerait dans la biologie. Mais le moyen d'y faire remonter l'évolution des sociétés?

L'état dynamique des sociétés est donc le résidu qui permet seul la constitution de la sociologie au-dessus des autres sciences.

L'histoire, qui correspond à la partie dynamique de la sociologie, en est aussi la partie première. Les philosophes connaissent la théorie qu'en a laissée Auguste Comte en vue de la rendre positive; c'est la célèbre loi des trois états. Pour lui, le développement social passe par trois degrés : 1º le degré théologique, qui est le plus ancien, et où les phénomènes sont expliqués par des volontés dont le modèle est dans la volonté humaine; 2º le degré métaphysique, où l'intelligence pense que tout ce qui lui paraît logiquement raison des choses doit être raison des choses effectivement : c'est l'ère du raisonnement *a priori*, qui substitue au principe de l'autorité divine le principe rationaliste; 3º enfin le degré positif, qui substitue des lois expérimentales, susceptibles de vérification *a posteriori*, aux volontés et aux conceptions ontologiques. Ici la raison prend dans les choses ce qui doit être mis dans l'esprit.

La partie seconde de la sociologie est l'état statique, sur lequel réagit l'état dynamique à chaque changement. Or l'économie politique est une portion de l'état statique (1).

Auguste Comte n'avait aucun besoin, pour constituer la sociologie, des systématisations partielles dont l'état statique était devenu l'objet de son temps. Entre ces systématisations, l'économie politique, portée à un haut degré d'avancement par des hommes comme Adam Smith et J.-B. Say, ne pouvait, pas plus que les autres, la politique et le droit, lui fournir des vues d'évolution. Préoccupé spécialement de ces vues, il a dédaigné en sociologie tout ce qui n'était pas le développement historique. Esprit absolu, intraitable, il a même formellement condamné l'économie politique. En cela il a eu tort, et M. Littré n'hésite pas à le reconnaître. En biologie, Auguste Comte avait déjà donné un exemple d'injuste rigueur en rayant la psychologie du nombre des sciences. En astronomie, il avait pareillement et à tort condamné l'astronomie stellaire.

En réalité, la philosophie positive ne comporte pas ces exclusions, et elle donne droit de cité à toutes les sciences susceptibles de parvenir à l'état positif.

Ainsi, la condamnation de l'économie politique par Auguste Comte s'explique, sans se justifier, si l'on considère que cette science ne lui a servi de rien dans la constitution de la sociologie. Les disciples ont pour habitude d'exagérer les erreurs du maître ; aussi les positivistes ne manquent-ils pas

(1) Voyez, pour tous ces développements, Littré, *op. cit.*, *passim*.

une occasion d'attaquer l'économie politique, sans réfléchir qu'en cela ils manquent de sagesse. Il serait de leur intérêt d'élargir leur philosophie, de la rendre plus compréhensive, et de l'étendre à tout ce qu'elle peut enfermer. La place de l'économie politique, marquée en sociologie par Auguste Comte lui-même, est définitive. Dès à présent, l'économie politique peut poursuivre en toute sécurité sa systématisation. Elle n'est plus, elle n'a jamais été une aventurière. Elle a un état civil, elle est une véritable science. Si sa subordination philosophique à l'égard du développement historique lui assigne un rang secondaire, lorsqu'il s'agit de tracer la série des sciences, elle n'en répond pas moins à tout un grand côté de la sociologie, à la physiologie sociale. Il y a là un ordre immense de faits, susceptibles, comme tous les faits, d'observation, de classement et d'induction. On a déjà réussi à en dégager des lois (1). Un principe

(1) En voici quelques-unes en exemple. Elles seront vraies dans tous les temps. Nous les empruntons à un résumé de M. Ambroise Clément (*Journal des Economistes*, décembre 1863. *Au sujet des doctrines de Mac-Leod*).

1° Les hommes servent leurs intérêts, y compris ceux attachés à leur perfectionnement intellectuel et moral, en travaillant paisiblement et volontairement les uns pour les besoins des autres, en échangeant librement leurs services ou les produits de leurs travaux ; ils se nuisent, au contraire, infailliblement, en cherchant à s'entraver, à se régir, à se dominer, à se dépouiller mutuellement ; les résultats de leurs transactions sont d'autant plus équitables et plus avantageux pour tous, qu'elles sont plus affranchies de toute contrainte et de toute réglementation ;

2° La garantie de mieux en mieux assurée de la liberté et de la propriété individuelles est la condition essentielle de tout régime

comme la division du travail est destiné à éclairer perpétuellement l'évolution historique elle-même. Aucun positiviste ne conteste d'ailleurs que l'économie politique n'ait produit des généralisations utiles. Or l'utile, c'est l'art, c'est l'application. Mais l'application de quoi ? Evidemment de principes dégagés antérieurement par une méthode efficace. Nous avouons que la science de Bastiat n'en est pas encore à la perfection théorique. Mais toutes

social favorable à une civilisation normale, au perfectionnement des populations sous tous les rapports ;

3° Les monnaies d'or, d'argent, etc., sont de précieux moyens de faciliter les échanges et la détermination du taux des valeurs ; mais elles ne constituent pas la richesse, ni une richesse plus désirable que toute autre, et les systèmes dont le but était d'accumuler, dans chaque pays, plus d'or et plus d'argent monnayés que n'en comportaient les besoins de sa population, tels, par exemple, que la balance du commerce, ne tendaient qu'à une absurdité ;

4° La concurrence, c'est-à-dire la liberté des travaux et des transactions, est la condition indispensable des développements, des perfectionnements industriels et de l'équitable répartition des produits ; tout régime légal restrictif de la concurrence, fût-il appelé un système protecteur, est un obstacle au progrès de l'industrie et en même temps une atteinte à la propriété, puisqu'il empêche chacun de disposer librement de ce qui lui appartient, en l'échangeant selon ses propres convenances et aux meilleures conditions qui, naturellement, lui seraient offertes, et que la faculté de disposer ainsi de ses produits ou de ses services est l'essence même du droit de propriété ;

5° L'épargne, les accumulations, le soin de produire plus qu'on ne consomme, sont, pour les nations comme pour les individus, les seuls moyens légitimes de s'enrichir ; tout système ou tout régime gouvernemental par lequel on prétendrait accroître la richesse de tous par des moyens qui ruineraient chacun en particulier, ou en faisant dépasser les productions par les consommations, constitue des erreurs ou des iniquités de la nature la plus funeste.

Ces lois générales ont été démontrées au cours de cette étude, où on a trouvé aussi d'autres lois particulières également rigoureuses,

les sciences morales et politiques en sont là. Comme conséquences de leur extrême complication, elles sont les dernières à atteindre la maturité.

D'ailleurs ce n'est pas seulement en sociologie qu'il y a beaucoup à faire; il en est de même en biologie, en chimie et dans les autres ordres de connaissance auxquels personne ne refuse le nom de sciences.

Stuart Mill et Spencer ont surabondamment démontré, par l'ensemble de leurs travaux, et pour ne parler que de ces deux penseurs, l'existence et la nécessité de la science sociale, de l'économie politique. Les larges vues jetées par Spencer sur la nature de la science économique (1), vues fondées sur des faits que cette intelligence encyclopédique a réunis à profusion, ne permettent plus les négations de parti pris.

Spencer a établi des analogies remarquables entre la sociologie et les sciences inférieures, notamment la biologie.

« Dans tous les phénomènes que présente la matière inorganique, dit-il, la nature des éléments détermine certains caractères dans les agrégats. Ce principe se vérifie également sur les agrégats qu'on rencontre dans la matière vivante. Il se manifeste encore dans les sociétés plus ou moins bien définies que forment entre eux les êtres inférieurs. Etant donnée la structure des individus avec les instincts qui en résultent, la communauté formée

(1) *Introduction à la science sociale*, 1873.

par ces individus présentera forcément certains traits, et aucune communauté présentant les mêmes traits ne pourra être formée par des individus doués d'une autre structure ou d'instincts différents.

» Les agrégats d'hommes rentrent aussi dans cette formule ; car s'il est une vérité universelle, c'est que les propriétés des parties déterminent les propriétés du tout. Il y a donc une science sociale exprimant les relations réciproques de l'unité humaine et de l'agrégat humain, avec toute la précision que comporte la nature des phénomènes à étudier.

« De même que la biologie découvre des lois de développement, de structure et de fonction qui s'appliquent à tous les organismes en général, et d'autres qui ne sont applicables qu'à certaines classes et à certains ordres ; de même, en ce qui concerne le développement, la structure et les fonctions du corps social, la science sociale devra établir des principes, qui tantôt seront universels, tantôt seulement généraux, tantôt même spéciaux.

»Les agrégats sociaux présenteront évidemment d'autant plus de propriétés communes qu'il y a plus de propriétés communes à tous les êtres humains considérés comme unités sociales ; les caractères communs à une race se retrouveront chez toutes les nations de cette race ; enfin les caractères particuliers à une variété supérieure de l'espèce humaine se retrouveront chez toutes les communautés formées par cette variété ».

Comme exemple d'une vérité sociologique, Spencer énonce ce fait constant, qu'en matière de société, agrégation est inséparable d'organisation.

« Les hommes ne s'élèvent à l'état d'agrégat social, qu'à la condition de créer entre eux des inégalités quant à l'autorité ; et l'action d'une organisation qui rend l'obéissance obligatoire peut seule les faire concourir en qualité de tout à une action commune. Voilà un caractère fondamental commun à tous les agrégats sociaux, et qui procède d'un caractère commun à leurs unités. C'est donc une vérité en sociologie, de même que c'est une vérité en biologie, que la formation d'un organisme vivant, quel qu'il soit, commence par une certaine différenciation, dont le résultat est de rendre la portion périphérique distincte de la portion centrale. Les exceptions à ce principe, que nous rencontrons en biologie dans ces petites fractions de protoplasma qui sont placées au dernier degré de l'échelle de la vie, correspondent aux exceptions que présentent, dans la science sociale, ces petits assemblages incohérents formés par les types tout à fait inférieurs de l'humanité ».

Comme Bastiat, comme tous les économistes, Spencer pense que, si les modifications subies par l'organisation et les fonctions sociales sont soumises à des lois, la connaissance de ces lois ne peut manquer d'influer sur notre jugement, et de nous aider à discerner ce qui est un progrès de ce qui est un recul, ce qui est désirable et faisable de ce qui n'est qu'une utopie.

Si l'économie politique est en train de forcer les portes du positivisme, par la simple vertu de la hiérarchie des sciences bien comprise, elle a réalisé une conquête plus importante, au point de vue pratique : elle a pénétré dans le sanctuaire des jurisconsultes. Ce n'est pas sans avoir rencontré de vives résistances; mais enfin la vérité s'est imposée. On a réfléchi, et l'enseignement de l'économie politique est devenu obligatoire dans nos facultés de droit. Le digne successeur des Ortolan et des Demangeat, M. Accarias *(Précis de droit romain)*, a établi que l'économie politique est, avec la morale, une science régulatrice du droit, et qu'en dehors de ces deux sciences, le droit tombe dans la convention et l'arbitraire (1).

(1) « L'économie politique, science qui étudie les lois naturelles du travail et de la richesse, éprouve la valeur des institutions juridiques et en contrôle la légitimité par leurs résultats. Démontrant que, partout où l'injustice a reçu une organisation légale, il en est résulté tôt ou tard des dommages même matériels, elle aboutit à cette large et féconde conclusion, que le juste et l'utile marchent associés dans une constante et intime harmonie. C'est ainsi que l'esclavage, la plus monstrueuse violation de la notion du juste, fut aussi la plus grande entrave au développement de la richesse chez les peuples anciens, et les perdit dans la misère. Donc, quand même le droit n'aurait d'autre objet que la détermination du juste, l'économie politique lui serait encore un précieux auxiliaire, en signalant par leurs conséquences pratiques les injustices inaperçues que recèlent souvent des institutions universellement approuvées. Que si maintenant nous envisageons une catégorie de lois fort nombreuses, qui se meuvent plus particulièrement dans la sphère de l'utile, et qui, indifférentes dans leur essence à la morale, peuvent être ou ne pas être sans que la justice en souffre, il est évident que la science économique ne jouera plus ici le simple rôle d'auxiliaire : c'est elle qui fournira les principes. Dans cette catégorie figurent toutes les lois interprétatives de volonté : j'entends par là celles qui, dans la prévision de notre ignorance des affaires ou de notre légèreté trop fréquente, règlent les conséquences de nos actes juridiques, pour le cas où nous ne les aurions pas réglées nous-mêmes... Dans cette même catégorie de lois rentrent encore celles qui déterminent la forme des actes et celles qui organisent des institutions de crédit..... Dans toutes ces

Les économistes n'ont pas été les derniers à s'apercevoir que leurs dissentiments sur certaines théories nuisaient au prestige de la science, sinon à son avancement. Sans doute il est absurde d'exiger tout d'abord de l'économie politique une unité de doctrine que ne présentaient ni la biologie, ni la chimie, ni la physique, lorsqu'elles étaient en voie de formation, et c'est ce que font ses adversaires. Mais ses amis ont raison de hâter, par la substitution définitive de la méthode expérimentale à la méthode intuitive, l'avénement de cette précieuse unité scientifique, critère véritable qui doit être un but constamment poursuivi. Ils ont raison de s'attacher à distinguer la *science* d'avec l'*art*.

« Si l'économie politique, disait en 1861 M. Dupuit, a la prétention d'imposer ses principes à l'esprit public, il faut absolument qu'elle prenne aux sciences exactes (1) leurs procédés de démonstration, parce qu'en dehors de ces procédés, il n'y a que des dissertations plus ou moins habiles.

» Il faut distinguer, dans l'économie politique, la science pure de la science appliquée.

» La première seule est une science exacte; l'autre ne l'est pas ».

Pour fixer les idées, M. Dupuit donnait quelques exemples. Parmi les questions qui appartiennent à une science positive, *sui generis*, et dont la solu-

matières et autres pareilles, c'est de la science économique que le droit relève directement ; et, si quelque lien le rattache encore à la morale, c'est en ce sens que la morale hautement comprise ne saurait s'accommoder d'institutions nuisibles à la société ».

(1) Il vaudrait beaucoup mieux dire : sciences positives.

tion ne doit comporter ni doute ni inexactitude, il citait les suivantes :

L'abondance des métaux précieux influe-t-elle sur le taux de l'intérêt de l'argent? — Peut-on prendre deux étalons pour la monnaie? — L'impôt foncier est-il payé par le fermier, ou par le propriétaire, ou par le public? La rente de la terre influe-t-elle sur le prix des céréales? etc.

Mais des questions d'un autre genre n'appartiennent plus exclusivement au domaine de l'économie politique : L'Etat doit-il enseigner? — L'instruction primaire doit-elle être obligatoire? — Les établissements de banque doivent-ils être libres? — A qui les mines doivent-elles appartenir? — Quel est le meilleur système d'impôt? etc. Ces questions, pour M. Dupuit, « se rattachent à la morale, à la politique, à une foule de sciences diverses; et, pour les résoudre, il faudrait avoir des données qu'on ne possède que d'une manière très-incomplète; leur solution, dans un sens ou dans un autre, comporte des avantages et des inconvénients différents, suivant les temps, les lieux, les circonstances; et certains esprits seront toujours plus frappés des uns que des autres. Voilà pourquoi elles ne sont pas susceptibles de démonstrations et de solutions exactes. On retrouve d'ailleurs cet inconvénient dans toutes les sciences, même dans les sciences dites exactes, qui perdent cette qualité dès qu'on les applique ».

Si nous interrogeons M. Courcelle-Seneuil, il nous dira (1) aussi que la première condition

(1) *Traité d'Economie politique.*

d'une bonne méthode est de limiter exactement le champ qu'on veut explorer. Dans ses idées, l'économie politique doit se borner à étudier les services industriels comme productifs de richesses, et cette limitation est généralement adoptée par les maîtres qui ne se contentent pas de l'à-peu-près. L'enseignement économique n'a de valeur qu'en raison de sa certitude : il ne peut arriver à la certitude que dans l'ordre des faits naturels, permanents, invariables. Mettre en relief des faits certains et universels, c'est sa vraie grandeur, sa noblesse scientifique. Quand l'influence des causes morales — qu'il ne faut pas méconnaître dans la production des biens matériels — intervient, l'économiste sort du domaine restreint de la science pure pour passer dans celui de l'art.

« La science et l'art, dit enfin M. H. Passy (1), sont choses à la fois distinctes et connexes. Découvrir et proclamer les vérités générales, voilà la mission de la science ; réaliser ces vérités dans la pratique, voilà celle de l'art ; et cette mission a ses difficultés et son importance. L'art n'en demeure pas moins l'agent et le serviteur de la science ».

Spencer ne croit pas qu'on puisse faire de la sociologie une science *exacte* dans le sens mathématique du mot. Mais pour lui la science exacte n'est qu'une moitié de la science :

« Les phénomènes de certains ordres ont seuls des relations quantitatives aussi bien que qualitatives. Dans les autres ordres, les facteurs qui produisent les phénomènes sont si nombreux et si dif-

____

(1) Rapport à l'Institut sur un livre de M. Minghetti.

ficiles à mesurer, qu'il devient très-difficile, sinon impossible, de développer sous la forme quantitative la connaissance que nous en avons. Ces ordres de phénomènes ne sont pas pour cela exclus du domaine de la science. En géologie, en biologie, en psychologie, la plupart des prévisions ne sont que qualitatives : lorsqu'elles sont quantitatives, elles ne le sont jamais avec une grande précision. Néanmoins nous n'hésitons pas à les considérer comme scientifiques. Il en est de même dans la science sociale. Les phénomènes qu'elle présente, plus complexes que tous les autres, sont moins que tous les autres susceptibles d'être traités avec précision ; ceux d'entre eux susceptibles d'être généralisés ne peuvent l'être que dans des limites assez vagues de temps et d'importance, et il en reste beaucoup qui ne peuvent pas l'être du tout. Mais dès qu'il peut y avoir généralisation, et que sur cette généralisation on peut baser une interprétation, il y a une science ».

Spencer est invinciblement ramené à cette conclusion. S'il n'y avait pas, ajoute-t-il, de causalité naturelle dans les actions des hommes réunis en société, un gouvernement et une législation seraient sans raison. Les conséquences sociales ne se déroulant pas dans un ordre assignable, on ne saurait compter sur aucun effet. D'un autre côté, s'il y a une causalité naturelle, la combinaison des forces qui produit la combinaison des effets la produit conformément aux lois de ces forces.

Bastiat, on l'a vu, avait bien senti l'importance de ces lois naturelles de la sociologie et la nécessité de les étudier. Sa philosophie de l'économie politique, restée d'ailleurs à peine esquissée, est trop métaphysique pour que la science puisse le suivre jusqu'au bout ; mais quelle foi dans la légitimité de sa chère science, et quelle foi féconde ! Assurément l'emploi d'une méthode plus rigoureuse n'aurait rien fait perdre à ses *Harmonies*, à l'étendue de ses vues, au degré de vérité objective d'une synthèse de ce genre ; mais, outre la difficulté d'une pareille méthode pour tous les économistes, elle était peu dans son tempérament. Esprit original et extrêmement brillant, imagination vive et cœur passionné pour le bien, il réunissait plutôt, malgré son incontestable profondeur, les qualités du polémiste et du pamphlétaire que celles qu'exige l'édification d'une synthèse scientifique. Eût-il entièrement possédé ces dernières, les conditions extérieures lui auraient manqué. Ecrites pendant les courts repos que lui laissaient sa vie militante et les progrès de la maladie, les *Harmonies* sont un testament économique souvent interrompu par les bruits du dehors, et où la plume de l'écrivain se hâte de devancer l'heure suprême. A une telle entreprise il fallait le silence de la méditation, et, comme Bastiat l'a dit lui-même, la lente élaboration du cristal.

Oui, les *Harmonies* ne sont qu'une ébauche, qu'une série de fragments inachevés pour la plupart, et dont la seule liaison est dans l'idée dominante d'harmonie. Il est vrai que c'est là une grande idée. Si parfois le regard de Bastiat s'est troublé dans sa conception trop subjective de l'harmonie, s'il a voulu y réduire trop immédiatement certains phénomènes, cette harmonie n'en est pas moins une réalité scientifique. La série entière des faits et des sciences est régie par une harmonie supérieure, qui est la condition nécessaire de l'existence des choses et des lois. Chaque science a son harmonie particulière, l'économie politique aussi bien que toute autre.

Personne n'a mieux caractérisé que Bastiat l'harmonie des phénomènes économiques, lorsqu'il a dit : « En tout ce qui concerne l'homme, cet être qui n'est perfectible que parce qu'il est imparfait, l'Harmonie ne consiste pas dans l'absence absolue du mal, mais dans sa graduelle réduction ».

Avant Bastiat, Carey avait bien formulé le principe d'harmonie ; mais Bastiat s'est vraiment approprié cette doctrine par la marque toute personnelle qu'il y a laissée.

L'inspiration, avec ses jouissances et ses douleurs, n'a pas été avare pour Bastiat, et il a porté au front le signe des privilégiés.

« Ma pensée n'a jamais été plus active, écrivait-il peu de temps avant sa mort ; à chaque instant elle saisit de nouvelles harmonies, et il semble que le livre de l'humanité s'ouvre devant elle. Mais c'est un tourment de plus, puisque je ne puis transcrire aucune page de ce livre mystérieux sur un livre plus palpable... ».

Cette obsession, ce choc de l'étincelle suffirait seul pour placer Bastiat au rang des maîtres, comme il suffisait aux anciens, pour révérer un lieu, que la foudre l'eût frappé. Mais il a, de plus, laissé des chefs-d'œuvre qui se liront toujours : les *Sophismes économiques* et les *Pamphlets*.

Browning a dit que l'objet le plus digne d'être montré aux hommes est une âme humaine. On en trouvera une dans les écrits de Bastiat ; et c'est là, en dehors de ses merveilleuses qualités, le secret de l'attrait qu'il exerce. Sans s'en douter, il raconte son cœur, ses poèmes intimes. Cet esprit lumineux, qui égrène ses opuscules comme autant de perles, est capable des plus charmants trésors de l'amitié. Il mêle aux sacrifices qu'il fait à son œuvre dévorante une fraîcheur d'impressions, des rêveries d'artiste qui embellissent jusqu'au bout sa vie. Il y a une singulière douceur même dans ses dernières tristesses, alors que tout lui échappe avant l'heure, que des lignes ponctuées, des lacunes trahissent l'effort d'une main défaillante, que l'homme, le philosophe succombent sous nos yeux. A chaque page, cette existence sans tache se reflète comme dans une eau limpide. Bastiat s'est donné tout entier à une idée, et cette idée n'appartient qu'aux nobles natures : Bastiat se résume dans la liberté.

Un autre homme de cœur et de liberté, un maître illustre qui a porté dans l'histoire la sagacité et l'honnêteté que Bastiat porta plus tard dans l'économie politique, Augustin Thierry, en parlant de lui-même, a exprimé d'un mot toute la moralité de la vie de Bastiat : « Il y a au monde quelque chose qui vaut mieux que les jouissances matérielles, mieux que la fortune, mieux que la santé elle-même, c'est le dévouement à la science (1) ».

(1) *Dix ans d'études historiques.* Préface.

Nimes. — Impr. Clavel-Ballivet et Cie, rue Pradier, 12.